| TRABAJO FIN DE GRADO EN DERECHO |
| CURSO ACADÉMICO: 2021-2022 |

TÍTULO:
FICCIÓN CRIMINAL. LOS DELITOS MÁS CÉLEBRES DE LA
LITERATURA ESPAÑOLA

ESTUDIANTE: HERNÁNDEZ SÁNCHEZ, LUIS

TUTOR: Sánchez Domingo, María Belén

RESUMEN

El presente Trabajo de Fin de Grado expone algunos de los delitos españoles más célebres de los últimos siglos a través de unos criminales excepcionales y poco al uso: los personajes literarios. El objeto de estas páginas es el análisis de diferentes textos literarios en los que los personajes cometen delitos contra el derecho vigente de su época y actual, siendo más interesante de cara al objetivo docente los delitos castigados en la actualidad. Abordaremos en él los casos desde un punto de vista penal, constitucional, civil e incluso moral. Se aludirá igualmente a la determinación del bien jurídico protegido en los delitos presentados, determinando la pena impuesta en el sistema jurídico español actual, así como el examen de otras figuras en conjunción: el tipo global de injusto objetivo y subjetivo; el análisis del grado de autoría y participación; el *inter criminis*; y la súbita calificación de la pena. La finalidad de este estudio jurídico consiste en demostrar la maldad humana a través de unos protagonistas que jamás han pisado un tribunal: los personajes literarios. También posee un tinte educativo y didáctico, pues se trata de casos extraídos de obras a las que los más jóvenes tienen acceso o han oído hablar.

PALABRAS CLAVE

Derecho, Literatura, Código Penal Español, Tribunal Supremo, Cantar del Mío Cid, Justicia, Asesinato, Tentativa, Don Quijote de La Mancha, Delito de daños, Atentado contra la autoridad, Don Juan Tenorio, Homicidio, Abuso sexual, Secuestro, Allanamiento, Deserción, Cohecho, Usurpación estado civil, Amenazas leves.

ABSTRACT

This Final Degree project exposes some of the most famous Spanish crimes of recent centuries through some exceptional and unusual criminals: literary characters. The aim of these pages is the analysis of different literary texts in which characters commit crimes against the law in force at the time and today, being more interesting in terms of the teaching objective the crimes punished today. We will address the cases from a criminal, constitutional, civil and even moral point of view. Reference is also made to the determination of the legal right protected in the crimes presented, determining the penalty imposed in the current Spanish legal system, as well as the examination of other figures in conjunction: the global type of objective and subjective wrongdoing; the analysis of the degree of authorship and participation, the inter criminis; and the sudden qualification of the penalty. The aim of this legal study is to demonstrate human wickedness through protagonists who have never set foot in a court of law: literary characters. It also has an educational and didactic tone, as the cases are taken from works to which young people have access or which, in any case, they have heard about.

KEYWORDS

Law, Literature, Spanish Criminal Code, Supreme Court, Cantar del Mio Cid, Justicie, Murder, Attempt, Don Quijote de La Mancha, Damage offence, Attempt against authority, Don Juan Tenorio, Homicide, Sexual abuse, Kidnapping, Trespassing, Desertion, Bribery, Usurpation of civil status, Minor threats.

ÍNDICE

RESUMEN 3

ABSTRACT 4

INTRODUCCIÓN 7

OBJETIVOS DEL ESTUDIO 9

METODOLOGÍA 9

EL CANTAR DEL MIO CID. LOS INFANTES DE CARRIÓN A JUICIO . . . 11

I. CONTEXTO HISTÓRICO-JURÍDICO 11
II. FUNDAMENTOS DE HECHO 13
III. FUNDAMENTOS DE DERECHO 16

DON QUIJOTE Y SANCHO PANZA A JUICIO 35

I. CONTEXTO HISTÓRICO-JURÍDICO 35
II. FUNDAMENTOS DE HECHO 37
III. FUNDAMENTOS DE DERECHO 41

DON JUAN TENORIO A JUICIO 60

I. CONTEXTO HISTÓRICO-JURÍDICO 60
II. FUNDAMENTOS DE HECHO 62
III. FUNDAMENTOS DE DERECHO 65

CONCLUSIONES 81

BIBLIOGRAFÍA 84

IV. ANEXOS 94
ANEXO 1. FIGURA DE LOS DELITOS 94

ÍNDICE DE SIGLAS

CE: Constitución Española

CP: Código Penal

CPM: Código Penal Militar

LECrim: Ley de Enjuiciamiento Criminal

LO: Ley Orgánica

SAP: Sentencia Audiencia Provincial

STS: Sentencia Tribunal Supremo

ÍNDICE ILUSTRACIONES

1. ASESINATO DE JULIO CÉSAR 11

ÍNDICE DE TABLAS

FIGURA 1. EVOLUCIÓN DEL DERECHO MEDIEVAL. FUENTE: ELABORACIÓN PROPIA 17

FIGURA 2. DEFICIENCIAS EN LA SALUD MENTAL DE DON QUIJOTE DE LA MANCHA. CREACIÓN PROPIA 55

FIGURA 3. ESQUEMA DEL CONJUNTO DE LOS DELITOS ANALIZADOS EN EL CONCURSO REAL. CREACIÓN PROPIA 78

FIGURA 4. DELITOS COMETIDOS POR PERSONAJES LITERARIOS ANALIZADOS. CREACIÓN PROPIA 94

INTRODUCCIÓN

La literatura y el derecho a simple vista puede parecer algo que no posee un buen maridaje conjunto. Sin embargo, la literatura bebe en muchas ocasiones de la fuente de toda solución al conflicto: el derecho. Son muchos los escritores que han basado sus historias en los conflictos derivados de la justicia de la época. Una justicia que sobre la que ya el filósofo Platón divulgaba sus reflexiones. Si bien es cierto, que a vuela pluma la literatura y el derecho pueden parecer dos ciencias tan dispares como el agua y el aceite, poseen una concordancia especial. En principio, la literatura es un mundo irreal, donde lo fantasioso gobierna la mente de los escritores para componer sus mundos imaginarios cuyos límites no conoce grado ni límites. Mientras que el derecho es un basto terreno que por el contrario sí que conoce la medida de sus palabras. Es un mundo formal y acotado con normas que rigen y regulan cada aspecto de lo legal y del sistema que gobierna las mentes de los seres humanos reales. Sin embargo, son dos partes de un mismo nexo, que se complementan mutuamente como en un proceso de simbiosis. Ambas se ayudan recíprocamente en beneficio de la formación humanística del jurista, mostrándole la formación objetiva de la ley más purista, y la visión más creativa y subjetiva que ofrece la literatura.

Este trabajo se divide en tres historias literarias vistas desde el derecho, condenando los actos ilícitos cometidos por algunos de los personajes literarios españoles más conocidos universalmente y categorizados como «clásicos». El canon de «clásico» es definido por la RAE en muchas acepciones, pero en resumen se deduce como conclusión que el término «clásico» va unido a algo eterno en el tiempo y digno de imitar o tener como referencia por su trascendencia simbólica temporal y anacrónica, al poder servir de ejemplo siglos después de su publicación. La notoriedad y su poder de perpetuidad en el tiempo son los dos requisitos esenciales de clasificar una obra como «clásica».

La pasión del investigador y divulgador jurídico por el campo del derecho y su gusto por la literatura clásica ha sido el pilar trascendental sobre la que ha basado su decisión por escribir mezclando estas dos fuerzas que mueven el poder cultural e intelectual de un país. Este original trabajo es fruto, además, del cada vez mayor interés por acercar el derecho a otras materias para analizar su trasfondo. Es un nuevo enfoque que nos permite estudiar la vida jurídica a través de la fantasía y la ficción, con la perspectiva real y complementándolo con casos de la realidad lo más pragmática posible.

OBJETIVOS DEL ESTUDIO

El presente trabajo se fundamenta bajo la idea esencial de exponer una serie de casos juzgando los delitos cometidos por algunos de los personajes literarios más conocidos de la literatura española. El desglose de los objetivos específicos es:

• Análisis de la literatura española y su estrecha vinculación al derecho.

• Estudio de actos ilícitos cometidos por las creaciones literarias de algunos de los escritores más reconocidos del panorama universal.

• Ejemplificación de jurisprudencia antigua, relevante y las resoluciones más actuales, acompañando a los casos propuestos.

• Educativo. ¿Qué mejor oportunidad para aprender un poco de derecho que a través de algunas de las obras más conocidas de la literatura española? Son casos que llevamos en la mente, no por haberlos visto en televisión, sino por tener que leerlos y analizarlos en la escuela, instituto o universidad.

METODOLOGÍA

La tesis de investigación se estructura en tres partes diferenciadas claramente y delimitadas por los personajes literarios y los hechos delictivos elevados a derecho.

El primero de los casos llevados a estudio jurídico será la tercera parte del *Poema del Mío Cid*, la Afrenta de Corpes. Aunque se trate de una narración en verso que exalta la figura heroica del Cid, nosotros nos centraremos en la parte final del poema, que tiene por objeto un asunto familiar –y social–, que lleva consigo un delito que debemos analizar: ¿lesiones agravadas, tentativa de homicidio o de asesinato? ¿Tentativa o desistimiento activo?

En el segundo caso, se pretende realizar una exposición clara y metódica con una sólida argumentación acerada sobre algunos de los delitos cometidos en una obra cumbre de la literatura clásica española notable en el mundo entero por el brillo de su palabra. Se trata de *Don Quijote de la Mancha*, de Miguel de Cervantes. ¿Atenuante o eximente por locura? ¿Don Quijote es dueño de sus actos delictivos? ¿Sancho Panza, autor o partícipe?

El tercero de los casos se ha planteado con la idea de que a un único sujeto se le pueden aplicar una multitud de hechos delictivos que, al no intervenir con el principio de *non bis in ídem*, pueden ser todos asumibles por el infractor. Hablamos de *Don Juan Tenorio*, creación del dramaturgo español José Zorrilla, protagonista de la obra que lleva su propio nombre. ¿Criminal en serie? ¿Delincuente sin pizca de compasión?

EL CANTAR DEL MIO CID. LOS INFANTES DE CARRIÓN A JUICIO

I. CONTEXTO HISTÓRICO-JURÍDICO

El primero de los casos que vamos a estudiar es la obra más importante de la literatura clásica española medieval, entablada dentro del género épico y, a su vez, en el subtipo de los cantares de gesta. Se trata de uno de los poemas de mayor extensión de la época, que relata algunas de las hazañas más conocidas del personaje histórico de Rodrigo Díaz de Vivar, popularmente reconocido como el Cid, «el bueno de Vivar» o «el de la luenga barba», un mercenario de la segunda mitad del siglo XI. Si bien es cierto que nos vamos a centrar en uno de los cantares en concreto, debemos hacer referencia al resto y observar la obra en su conjunto para calificar los concretos castigos y la pena que hoy día les corresponde a los infantes por sus viles fechorías, las cuales vamos a definir más adelante.

1. Asesinato de Julio César

Es digno de mención Eugenio Tapia, escritor, historiador y jurista, destacado en este caso por su trabajo titulado: «*Un análisis del Cantar del Mío Cid*» en 1838. El conspicuo abulense destaca una serie de ideas trascendentales para el estudio de la figura de los cantares y las instituciones jurídicas. Además, Tapia analiza el Cantar, distinguiendo dos partes: La primera parte es la que conduce hasta la toma de Valencia; quedando la historia de los infantes de Carrión en la segunda parte del cantar. Es esta segunda y última parte la que después desarrollaremos para la aplicación de nuestro caso jurídico particular[1].

La obra comienza con la caída en desgracia de Rodrigo Díaz de Vivar ante su rey, Alfonso VI, como consecuencia de las habladurías de los malos mestureros que lo rodean y que dañan la fama del héroe, condenado finalmente al destierro. A partir de ese momento, tras su dolorosa separación familiar, debe recuperar su honra como soldado, mediante la consecución de la gracia de su majestad, a través de los presentes que va conquistando entre los despojos de sus sucesivas victorias, cada vez más importantes. Con la conquista de Valencia, será perdonado y podrá reunirse con su familia en un punto más alto de honor público y político que, al comienzo del texto, lo que le permite recuperar su privilegiada situación social[2]. La segunda parte se destina a la narración en verso de la pérdida del honor personal o privado del Cid y de sus hijas, que se ha visto corrompido por la afrenta de los infantes de Carrión en el robledal de Corpes. Tras aceptar el compromiso matrimonial de doña Elvira y doña sol, a propuesta del rey, el Cid da permiso a los infantes para salir hacia sus tierras con las muchachas. Los infantes, personajes de alta cuna, pero bajos instintos, se han sentido ofendidos al haber quedado de manifiesto su cobardía en el conocido episodio del león. Por ello deciden vengarse y atacan a sus esposas de camino a Carrión de los condes, dejándolas por muertas.

---

[1] de Quirós, J. A. B. (2001). Eugenio de Tapia: un análisis del Cantar de Mío Cid en 1838. *Lemir: Revista de literatura Española Medieval y del Renacimiento*, (5), 4.

[2] Caminodelcid. (2022). *El Cantar de mío Cid*. Obtenido de Caminodelcid.org: https://www.caminodelcid.org/cid-historia-leyenda/cantar-mio-cid/

II. FUNDAMENTOS DE HECHO

Como sabiamente dijo Arthur Schopenhauer en el Arte de tener razón[3]: «Para alcanzar el fin propuesto debería acudirse al manantial de la experiencia», debemos pues, ir a nuestro «manantial» por excelencia para el análisis de este caso y acudir a la versión modernizadas e integral del Cantar del Mío Cid de Alberto Montaner Frutos Edición 2000 en Barcelona, Editorial Crítica. Los sucesos acontecidos dignos de estudio comienzan en el verso 2700, que a continuación transcribo cuantas partes sean consideradas relevantes para el caso:

«Hallaron un vergel con una limpia fuente,

mandaron plantar la tienda los infantes de Carrión,

con cuantos traen consigo allí duermen esa noche,

abrazando a sus mujeres les demuestran amor,

¡mal se lo cumplieron cuando salió el sol!

Mandaron cargar las acémilas con bienes en gran número,

han recogido la tienda en que pasaron la noche,

por delante se han ido sus criados todos,

así lo mandaron los infantes de Carrión,

que no quedase allí nadie, ni mujer ni varón,

salvo sus dos mujeres, doña Elvira y doña Sol,

solazarse quieren con ellas a su satisfacción.

Todos se habían ido, ellos cuatro estaban solos.

Tanta infamia planearon los infantes de Carrión:

—Tened por seguro, doña Elvira y doña Sol,

que seréis escarnecidas aquí, en estos fieros montes,

hoy nos separaremos y seréis abandonadas por nosotros,

no tendréis parte en las tierras de Carrión.

---

[3] Cfr. Arthur Schopenhauer, El arte de tener razón expuesto en 38 estratagemas, Madrid, Edaf, 2004.

Irán estos recados al Cid Campeador,
Nosotros vengaremos con ésta la del león.—
Allí les quitan las túnicas y los mantones,
las dejan solo en el cuerpo la ropa interior.
Llevan espuelas calzadas los malos traidores,
con la mano cogen las cinchas resistentes y fuertes.
Cuando esto vieron las damas, hablaba doña Sol:
—¡Don Diego y don Fernando, os lo rogamos por Dios!
Dos espadas tenéis fuertes y tajadoras,
a una la llaman Colada y a la otra Tizón,
cortadnos las cabezas, mártires seremos las dos;
moros y cristianos hablarán de esta cuestión,
que por lo que merecemos no lo recibimos las dos.
Tan grandes crueldades no cometáis con las dos;
si fuésemos golpeadas, os quedaréis sin honor,
os acusarán de ello en vistas o en cortes.—
Lo que rogaban las damas de nada les valió,
entonces les empiezan a dar los infantes de Carrión,
con las cinchas corredizas las golpean sin compasión,
con las espuelas agudas, que les causan gran dolor,
les rompían las camisas y las carnes a ellas dos.
Clara salía la sangre sobre los bordados de oro,
ya lo sienten ellas en sus corazones.
¡Qué gran ventura sería, ojalá lo quisiere Dios,
que asomase ahora el Cid Campeador!
Mucho las golpearon, pues no tienen compasión,
ensangrentadas las camisas y las túnicas bordadas en oro.
Cansados están de herirlas ellos dos,

esforzándose ambos por cuál dará mejores golpes.

Ya no pueden hablar doña Elvira y doña Sol,

por muertas las dejaron en el robledo de Corpes.

Se les llevaron los mantos y las pieles de armiño,

las dejan desfallecidas en túnicas y en camisas

a las rapaces del bosque ya las fieras temidas.

Por muertas las dejaron, sabed, que no por vivas».

Un breve resumen en prosa a modo explicativo de los hechos delictivos que hemos podido leer es al que sigue: Los infantes de Carrión se casan con las hijas del Cid campeador en Valencia. Posteriormente se vuelven a Castilla, donde los infantes poseen sus tierras en las que vivirán con sus amadas. Sin embargo, una vez alejados de la comitiva de sirvientes, ayudas de cámara y demás servicio, humillan a sus esposas, desnudándolas, azotándolas y agrediéndolas con sus cinchas y con las espuelas. Terminan por cansarse y las abandonan en el bosque[4].

---

[4] Caminodelcid. (2022). *La Afrenta de Corpes*. Obtenido de Caminodelcid.org: https://www.caminodelcid.org/servicios/la-afrenta-de-corpes-1169124/. Ya no aparece en el texto presentado en verso, pero después, las jóvenes no terminan muriendo, pues su primo, Félez Muñoz, que iba con la comitiva de los infantes, vuelve sobre sus pasos hasta dar con doña Elvira y doña Sol, salvándolas de lo que les hubiera supuesto la muerte por desangramiento o por el apetito voraz de las bestias que moran los montes castellanos.

2. Justicia

III. FUNDAMENTOS DE DERECHO

Este fue un caso que se juzgó según expone el Cantar siguiendo el sistema ordinario de procesamiento jurídico penal de la época, es decir, se demandó el acto ilícito ante el rey y éste estableció la sentencia con un reto entre hidalgos. Esto era muy novedoso para la época, pues, antes imperaba la ley del talión, es decir, el conocido como «ojo por ojo», obteniéndose una reciprocidad al condenar al criminal con la pena identificada con el crimen cometido, lo que, a ojos del rey y de quien imponía la ley, suponía una justicia equitativa. Sin embargo, ya a finales del siglo XII se imponía otro tipo de penas, los retos entre caballeros o hidalgos[5]. En la FIGURA 1 podemos ver la evolución del derecho medieval que se materializa dentro de esta obra, pues refleja la recuperación de territorios cristiano a los musulmanes y nuevos métodos de impartir justicia.

---

[5] Caminodelcid. (2022). *El Cantar de mío Cid*. Obtenido de Caminodelcid.org: https://www.caminodelcid.org/cid-historia-leyenda/cantar-mio-cid/

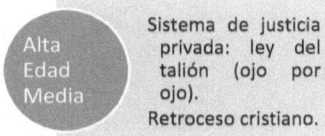

Figura 1. Evolución del derecho medieval. Fuente: Elaboración propia.

Según la metodología planteada, nosotros debemos trasladar este caso a la realidad más moderna y tratarlo como un suceso llevado hoy a un tribunal. En esta línea de pensamiento, este caso subraya la inaplazable y justificada necesidad de una defensa activa de la integridad de la persona como fuente principal de protección. Una muy buena parte de la sociedad española actual demanda una mejora en esta salvaguarda, y es por ello que este caso merece la pena tenerlo en cuenta para su análisis. Al igual que la espada de Damocles, el sentido de norma eficaz y clara contra la violencia es algo que se encuentra siempre sobre sus cabezas con la ansiada necesidad de ceder e impartir justicia. Sin embargo, pese a encontrarnos hoy con normas que regulan esto, aún es un tema que como la espada colgandera del rey pende sobre nosotros esperando en cualquier momento poder ceder. En las sabias palabras de Aristóteles[6]: «La esperanza es el sueño de los despiertos».

La violencia desmedida es una traición *ad corpus* de una persona hacia otra. Es un acto consciente, voluntario y deliberado que un ser humano puede evitar realizar y ellos no lo hicieron. No hay error posible en sus acciones. La dignidad de una persona no es negociable. No existe enfermedad, estado físico o psicológico, que justifique tal atentado contra la dignidad e integridad humana. Sin embargo, al igual que se debe ser crítico y tajante con esa afirmación, también se debe tener una justificada y razonada prueba que haga constar tal agresión ad corpus y contra el espíritu inquebrantable de la persona, además de probar que se ha perpetrado sin la voluntad de una de las partes. La justicia no puede ser en ningún momento y bajo ninguna circunstancia vengativa. Se

---

[6] Aristóteles. (2020). La esperanza es el sueño de los despiertos. Autismo Diario.

ha de probar dicho acto ilícito y para ello nosotros vamos a proceder a analizar la responsabilidad penal de los Infantes de Carrión.

En primer lugar y para calificar el hecho como imputable, debemos acudir a los caracteres positivos del delito, invocando la figura de la **acción** como ya hicieron constar Rodríguez Devesa y Alfonso Serrano Gómez en 1992[7]. También es suscrita por la LECrim en su artículo 100[8]. La acción es un concepto multívoco que entendemos como una de las partes del delito, que comprende tres elementos básicos: ser un acto externo, humano y voluntario. Los de Carrión planean y llevan a cabo su vil plan con maestría, deliberación y por su propia mano. Con lo cual, podemos afirmar que existe delito. Dado que no existe causa de exclusión de la acción por no darse ni fuerza irresistible, ni movimiento reflejo, ni estado de inconsciencia, no es preciso recurrir a la teoría de las *actiones liberae in causa* o *actio libera in causa* (acción libre en la causa), es decir, si se buscó algún tipo de instrumento jurídico o estado psico-emocional con la finalidad de cometer el delito para posteriormente salir indemnes, recalcando la inexistencia de dicha figura y, por tanto, la no exclusión de la acción de los infantes. Tampoco es aplicable la reducción por acción fortuita o ajena al *reo*[9].

A esta acción penal le corresponde, como en toda pretensión penal, una condena, dejando de lado el reclamo de indemnizaciones u otras pretensiones propias del proceso civil[10].

Partiendo de la idea antigua de Tito Livio, según el cual: «Ningún crimen tiene fundamentos racionales», debemos analizar este caso bajo el esquema básico y general del tipo global de injusto.

---

[7] Rodríguez Devesa, J. M. & Serrano Gómez, A. (1992). *Derecho Penal Español Parte General*. Madrid: Dykinson. P. 361-370.

[8] Véase el artículo 100 de la LECrim, la parte que nos es de importancia para tal caso: De todo delito o falta nace acción penal para el castigo del culpable…

[9] Landecho Velasco, C. M. (1992). *Derecho Penal Español: Parte General (3ª Edición)*. Madrid: Librería ICAI (Universidad Pontificia Comillas ICADE) Facultad de derecho.

[10] La jurisprudencia es clara a este respecto. Véase la STS 387/2003, de 12 de marzo, que separa las pretensiones propias penales como la condena, de las pretensiones de corte civil.

En la parte negativa de este esquema no observamos ninguna causa que exima de responsabilidad criminal como son las figuras de los artículos 20.4, 20.5 y 20.7 del Código Penal[11]: Legítima defensa, Estado de necesidad y Cumplimiento de un deber o ejercicio legítimo de un derecho, oficio y cargo, respectivamente.

Respecto a la parte positiva del tipo global de injusto vamos a analizar los elementos que la conforman, que son los que siguen:

En primer lugar, como resultado de un efectivo uso de la norma, pues la ley está dispuesta para la vigencia del interés social, también se predispone a la protección de un **bien jurídico protegido**, que es el valor, interés jurídico o derecho en cada uno de los distintos tipos delictivos, bien sean imprudentes o dolosos. En este caso, el axioma protegido es la vida humana independiente[12], por encima ya de la mera salud física y psicológica de las personas, defendido por el artículo 15 de la *Constitución Española*[13], que señala: «Todos tienen derecho a la vida y a la integridad física y moral, sin que, en ningún caso, puedan ser sometidos a tortura ni a penas o tratos inhumanos o degradantes...». También reivindicado expresamente en el artículo 3 de la *Declaración Universal de los Derechos Fundamentales*: «Todo individuo tiene derecho a la vida, a la libertad y a la seguridad de su persona»[14].

Este bien jurídico protegido es deshonrado por dos **sujetos activos**, cuya actuación se fundamenta bajo las premisas del artículo 27 del *Código Penal,* que afirma que las «personas criminalmente responsables» de la acción son responsables por los delitos cometidos[15]. Es amplia la jurisprudencia en este punto al

---

[11] Art. 20, párrafos 4.º, 5.º y 7º de la Ley Orgánica 10/1995, de 23 de noviembre, del *Código Penal*. Publicada en el BOE a día de 13 de abril de 2022.

[12] Véase la STS 418/2012, de 30 de mayo de 2012, que recoge que «la vida humana» es el bien jurídico protegido en los delitos de homicidio o asesinato. También es referenciada por la STS 53/1985, de 11 de abril. También exalta la figura de protección a la vida al STC 120/1990, de 27 de junio (Pleno).

[13] Art. 15 de la *Constitución Española*. Publicado en «BOE» núm. 311, de 29/12/1978.

[14] Art. 3 de la *Declaración Universal de los Derechos Humanos*.

condicionar el comportamiento que se le atribuye a los sujetos activos de la acción, según el caso que proceda[16]. Los actores en este caso son los infantes de Carrión. Mientras que los agraviados quedan bajo la denominación de **sujeto pasivo**, titular del bien jurídico protegido[17], son las hijas del Cid, doña Sol y doña Elvira.

La evidencia deducible de los hechos es que, los **sujetos de la acción**, es decir, quienes realizan efectivamente la acción típica, este caso coincide con los propios sujetos activos, es decir, los infantes de Carrión.

Acreditado queda tras el análisis de los sujetos que, el **objeto material**, que es la persona o cosa sobre la cual recae la acción concreta[18], es en este caso en unas personas coincidentes con las de los sujetos pasivos. La acción recae sobre las dos víctimas anteriormente mencionadas: doña Elvira y doña Sol.

De los hechos presentados se deduce la **conducta típica**. Considero que existe un trato de violencia de género o doméstica de forma inevitable al no poder enfrentarse los infantes contra el Cid, lo hacen contra sus mujeres, hijas del héroe Campeador. En cuanto a este último, no concuerda con ninguno de los supuestos específicos que dispone el *Código Penal*. Respecto de la violencia de género, aunque los sujetos sean hombre (agresor) y mujer (agredida) no existe el objetivo de esta premisa que es la discriminación, es decir, para existir violencia de género porque no se agrede a las dos mujeres por el mero hecho de su condición sexual biológica, sino como venganza, personificando en esas dos

---

[15] Título II. De las personas criminalmente responsables de los delitos. Art. 27 de la Ley Orgánica 10/1995, de 23 de noviembre, del *Código Penal*. Publicada en el BOE a día de 13 de abril de 2022.
[16] Véase como la Roj: STS 2613/2016 - ECLI:ES:TS:2016:2613, 2016 hace referencia a la implicación de los sujetos activos del delito, partiendo de la base doctrinal teórica.
[17] Landecho Velasco, C. M. & Molina Blázquez, C. (2020). *Derecho Penal Español: Parte General (7ª Edición)*. Madrid: Tecnos.
[18] Landecho Velasco, C. M. (1992). *Derecho Penal Español: Parte General (3ª Edición)*. Madrid: Librería ICAI (Universidad Pontificia Comillas ICADE) Facultad de derecho.

inocentes mujeres a la figura y semblanza del Cid Campeador. Lo que pretenden los de Carrión es atacar la honra del Cid a través del ataque a sus hijas que, propiamente, carecen de honra distinta de la de su padre, pero por no atreverse contra éste, las agreden a ellas, desvalidas, desarmadas, en despoblado, débiles y con premeditación. Por todo lo anterior y al no poder ajustarlo dentro de los tipos especiales en la literalidad de los supuestos, lo dejamos como tipo general de lesiones agravadas del artículo 148 del CP[19], dejando el pertinente espacio a los tribunales si considerar oportuno. Sin embargo, a tenor de esta última afirmación, ahora debemos ver si es un delito de lesiones agravadas por vinculo matrimonial o un delito de homicidio o asesinato en grado de tentativa. Para la correcta calificación del mismo debemos acudir a la literatura doctrinal y jurisprudencial sobre el *animus necandi* y el *animus laedendi* para analizar si hay dolo de matar o de lesionar, respectivamente. A tal efecto, acudimos a la Sentencia del Tribunal Supremo (Sala de lo Penal) 967/2012, de 4 de diciembre, que establece forma clara e inequívoca los supuestos a considerar para calificar el animus necandi[20].

Resulta, pues, de las precedentes aseveraciones que, como con razón ha afirmado el Tribunal Supremo, recopilando la reiterada y anterior doctrina jurisprudencial, este es un caso *homo caedere*[21] de *animus necandi*. Pero, ¿lo es en grado de tentativa o de desistimiento? La jurisprudencia es notable en su mayor

---

[19] Recojo la parte mayor trascendencia para tal caso del art. 148 de la Ley Orgánica 10/1995, de 23 de noviembre, del *Código Penal*: Las lesiones previstas en el apartado 1 del artículo anterior podrán ser castigadas con la pena de prisión de dos a cinco años, atendiendo al resultado causado o riesgo producido: 1º. Si en la agresión se hubieren utilizado armas, instrumentos, objetos, medios, métodos o formas concretas peligrosas para la vida o salud, física o psíquica, del lesionado… Publicada en el BOE a día de 13 de abril de 2022.

[20] «a) Dirección de los golpes, zona del cuerpo afectada, número y violencia de los golpes y arma utilizada. b) Las condiciones de espacio y tiempo. c) Circunstancias conexas con la acción. d) Manifestación del propio culpable tanto antes como acompañantes a la agresión, así como su actuación posterior. e) Relaciones preexistentes entre víctima y victimario». Véase a este respecto la Roj: STS 8285/2012 - ECLI:ES:TS:2012:8285, 8285/2012 (Tribunal Supremo 04 de 12 de 2012).

[21] Expresión latina que significa en la literalidad de sus palabras: «Matar a un ser humano».

representación por apreciar que nos encontramos ante una tentativa[22]. Por tanto, el delito cometido por los infantes de Carrión es un presunto homicidio en grado de tentativa pues la intención primigenia de los sujetos era matar, pero no consiguen consumar el resultado aún habiéndose extralimitado el desistimiento y derivando en la tentativa resuelta, dejándonos con todo aún el aspecto principal que nos queda por evaluar.

Ahora se debe analizar a tenor de lo ya argumentado con fundada razón legal en las generalísimas indicaciones anteriores, si se trata de un delito de homicidio o asesinato en grado de tentativa[23]. Por la opinión de los tribunales, nada ciega ni perturbada se ha pronunciado a tal respecto, haciendo constar por un importante número de sentencias a destacar sobre el tratamiento de homicidio o asesinato[24]. Ante tal conflicto de interpretación, el artículo 139 del CP[25] aclara cuándo nos encontramos ante un tipo cualificado. La

_____

[22] Así lo recoge, por ejemplo, la STS 671/2017, 11 de octubre de 2017, un caso de homicidio en grado de tentativa, donde también se discute sobre la eficacia de esta figura.

[23] Son apreciables al hablar de esta figura las teorías que se utilizan para determinar y realizar una correcta separación entre el principio de ejecución y no ejecución, es decir, la teoría de la probabilidad. En este sentido, debemos acudir a la parte general de la doctrina como fuente de argumento de la adversa que en este punto resta, reducido a las diversas teorías de la tentativa: La primera y sobre la que reposan los fundamentos de las siguientes es la teoría objetiva, centrando su examen en el peligro que sufre el bien jurídico protegido, por lo que se deduce que la tentativa es castigable desde la óptica de la «probabilidad de la lesión». La teoría subjetiva demuestra, sin embargo, en la voluntad del sujeto que es contraria a derecho. En este sentido, lo que castiga la tentativa es la mera exteriorización a través de los actos preparatorios orientados a la posterior tentativa propiamente dicha o la consumación del tipo ilegal. Ambas ratificaciones doctrinales las aúna la teoría ecléctica, que precisa de una voluntad del sujeto contraria al ordenamiento, siempre y cuando eso ocasione una «conmoción social» suficiente como para considerar el peligro del bien jurídico protegido. Estas teorías han sido recogidas de un artículo de Salas Beteta, en la *Revista Internauta de Práctica Jurídica*, 19 (enero-junio de 2007), bajo el título «*El inter criminis y los sujetos activos del delito*».

[24] Para la calificación de asesinato se ha procedido al estudio de la STS 31 de octubre de 2002.

[25] Art. 139 de la Ley Orgánica 10/1995, de 23 de noviembre, del *Código Penal*: Será castigado con la pena de presión de quince a veinticinco años, como reo de asesinato, el que matare a otro concurriendo alguna de las circunstancias siguientes: 1.ª Con alevosía... Publicada en el BOE a día de 13 de abril de 2022.

ventura quiso que este fuera un acto en grado de tentativa; desde todo punto de vista esta es una afirmación sobre la que no cabe discrepancias ni dudas. Sin embargo, queda en vilo el encono que produce la dificultad de calificar estos viles actos de homicidio o asesinato. Capaz seremos de deshacer estas confusiones, y que tarea no tan difícil se nos presenta, pues uno se distingue del otro por las agravantes que presentan.

En este caso, el vértice de la cuestión descansa sobre la alevosía. Esta figura, tan singular como a veces complicada de aseverar con tenacidad de cirujano, posee una serie de características propias para que se dé. La jurisprudencia y la doctrina han sacado en claro que para hablarse de alevosía deben darse tres elementos fundamentales[26]: Considerarse una agresión o lesión directa sobre los sujetos pasivos, imposibilidad parcial o total de defensa, ataque sorpresivo e inesperado.

Claro el concepto de la alevosía, cabe dedicar un último apartado para la confirmación de que estamos frente a un asesinato y no ante un homicidio. La norma jurídica que invocamos, sin cumplirse en sentido estricto, es la expresión latina *post hoc ergo propter hoc*[27]. Decimos que no es cumplido su significado puesto que los infantes abandonaron a sus esposas en el bosque casi al borde del desfallecimiento y moribundas. Después de los golpes, se quedaron medio muertas, a consecuencia de esto, sin embargo, no terminaron por morir en aquel lugar alejado de toda vida humana, porque su primo acudió a su rescate. Reinterpretando y aplicando tal

---

Para este caso, el agravante que nos importa es el remitido, sin mayor importancia al resto una vez comprobados que no se dan.

[26] El Tribunal Supremo viene considerando la alevosía con sus respectivos tres elementos. La STS 467/2015, 20 de julio de 2015, define que «la esencia de la alevosía se encuentra en el aniquilamiento de las posibilidades de defensa, en la existencia de una conducta agresiva, que tienda objetivamente eliminar dicha defensa». Similar es la STS 20/2016, 26 de enero de 2016, en la que se da la existenica de alevosía en un caso de asesinato.

[27] Expresión latina cuyo significado viene a significar «después de esto, eso; entonces, a consecuencia de esto, eso». Esto viene a significar que una cosa ocurra después de otra quiere decir que es consecuencia de la primera en muchas ocasiones, salvo en esta ocasión que no se cumple el último de los requisitos de este vocablo compuesto latino.

latinazgo al caso que se nos presenta resolvemos la cuestión en trifulca con una pregunta cuya respuesta nos clarifica la verdad sobre la calificación típica. El homicidio conlleva que no haya intención clara e intencionada de matar, pero, cuando golpeas repetidamente a una persona con correas y espuelas en los cuerpos casi desnudos, ¿qué se pretende? ¿Acaso se prevé que las víctimas se levanten y retornen a su hogar junto a su padre, el Cid? La respuesta evidente ante tal planteamiento es una rotundamente negativa, por lo que nos inclinamos a considerar los hechos como asesinato. Similar a este caso presentado son los fundamentos de hecho de la STS 609/2018, 29 de noviembre de 2018, que expone un caso de asesinato en grado de tentativa del que se desprende un desistimiento activo puesto que el sujeto activo abandona en su persistencia delictiva, no sin antes causar lesiones mortales a su víctima, que despues deja a su suerte.

Con las pretensiones claramente expuestas en el apartado anterior, el **tipo objetivo** en este caso representado es un *animus necandi*, es decir, ánimo de matar a una persona. En este caso, a las jóvenes hijas del Cid.

Se desprende de todo ello que el **resultado causal** de los actos de los infantes son lesiones de grado extremo al borde de la muerte súbita de sus víctimas, después de un exhaustivo análisis sobre su **relación de causalidad**. En primer lugar a través del método de la supresión mental o *conditio sine qua non*, podemos demostrar cómo suprimiendo la acción, que en este caso son los innumerables golpes y tajos sesgados con las espuelas y correas, desaparece el resultado de lesiones graves, desembocando en el súbito aliento de la muerte. Más precisa es la fórmula de Engisch, que recoge aplicaciones de leyes naturales y científicas para reafirmar con mayor fuerza probatoria lo ya resuelto con la teoría de la supresión mental, es decir, que dichos actos sí son causa del resultado.

Pero hay otra razón que demuestra, sin dejar, en mi opinión, lugar a dudas, que sí es causa de resultado las acciones emprendidas por los sujetos activos. Estas se demuestran a través de la

imputación objetiva. No suficiente es la anterior demostración de la teoría del delito, sino que también debemos analizar si es imputable objetivamente. Los criterios son los que suceden a continuación. Debemos comenzar por dilucidar sobre la existencia de una creación de un riesgo objetivamente previsible (*ex ante*), lo que sin duda crea un potencial riesgo al golpear y cortar los cuerpos casi desnudos de las dos jóvenes doncellas, probadamente indefensas y sin ningún ánimo de oponerse ante tal violencia. De no darse, nos encontraríamos ante un caso de eximente.

Después, si ese riesgo está efectivamente desaprobado jurídicamente. Disposición cumplida: es una acción que no excluye ninguna causa a través del criterio del fin de protección de la norma. Es decir, está desaprobado jurídicamente por el *Código Penal* en los artículos relativos al asesinato (art. 139 CP) y al robo (art. 238 CP)[28].

En última instancia, ha de darse la materialización del riesgo en el resultado producido (*ex post*). En este razonamiento empírico, la realización del riesgo tiene relación directa con la producción del resultado que son las lesiones graves, intencionales e infames, concluyendo con un desistimiento activo por parte de ellos, dejando a sus víctimas en manos de la suerte de los depredadores de la zona y su apetito.

Continuando con el análisis criminal y la responsabilidad de los infantes de Carrión, debemos acudir a la **parte subjetiva**, donde debemos explorar en la literatura propicia hasta dar con los indicios que prueben que estamos ante un caso con dolo, pues, como bien revela el artículo 5 del CP: «No hay pena sin dolo o imprudencia»[29].

---

[28] Los infantes se llevan pertenencias de las doncellas, hijas del Cid, tras sus viles y erráticos ataques.

[29] Artículo 5 de la Ley Orgánica 10/1995, de 23 de noviembre, del *Código Penal* Español. Publicada en el BOE a día de 13 de abril de 2022. Cabe la discusión posible de calificarlo como dolo eventual si se diera el resultado de las acciones que se reconocen como probables y aún el autor, consciente de la más que probable maldad de sus actos, actúa, derivando como probable el resultado producido. Si nos surge esta controversia también entraría en juego el paradigma entre el dolo eventual y la imprudencia consciente. En esta última figura el resultado es meramente probable, mientras que en el dolo eventual el resultado es

Existe una clara combinacion de conocimiento (elemento intelectivo) y voluntad (elemento volitivo) para la produccion del resultado, pese a la no producción del resultadomuerte, aunque esto no es óbice para rechazar esta idea, pues ya lo señaló la jurisprudencia en la STS 718/2009 de 18 de junio, en la que se destacaba que: «[…] lo decisivo para determinar el dolo propio del homicidio o asesinato, cuando no se produce el resultado de la muerte, es la dirección de los golpes y el conocimeinto por parte del autor de la capacidad lesiva de los instrumentos utilizados». La inteligencia del ser humano nos da la capacidad de hacer daño. Sin embargo, importante es respetar la conexión teórico-práctica implantada en esta tesis y aplicar, además del término general de dolo, un ánimo y finalidad específicas a los distintos tipos de dolo, que determinan la tipicidad de la conducta delictiva. Revisando la clasificación general de dolo, damos con el que más se ajusta a nuestro caso particular que es el dolo directo, dado que posee una clara intención de causar el daño y su propicio resultado. Pero, ante las evidencias de los hechos, Los condes de Carrión, en su ira y enojo con el Cid pagan su venganza con las hijas del de Vivar, descontrolandose en una lista acumulada de agresiones salvajes y sádicas. Esto nos lleva a la conclusión de que se trata de un dolo directo y no de un dolo eventual o imprudencia consciente, derivado de la intención de matar de los infantes. No hay ningún error de tipo que pueda excluir la pena (error invencible) o atenuarla en uno o dos grados inferiores (error vencible). El estímulo que lleva a los actores a realizar semejantes actos es la venganza que la personifican en las dos mujeres, hijas del supuesto causante de sus penurias y de su pérdida de reputación social al quedar como cobardes.

Existe una clara ejecución de la acción (tras un plan concreto y conspiración *ex ante*) en cuanto al **inter criminis** que se nos presenta, por lo que la fase o manifestación interna al igual que los actos preparatorios se ha rebasado tiempo atrás. Sin embargo, el grado de ejecución no se ha culminado en el resultado muerte, sino

altamente probable y evidenciable. L. A. Acosta, «Violencia contra la mujer en el *Cantar de Mío Cid* y en el *Nibelungenlied*», Revista de Filología Alemana, 17 (2009), pp. 29-51.

en una tentativa acabada con la clara evidencia de abandonar a las víctimas a su suerte en aquel remoto lugar[30].

En sentido estricto, los de Carrión se resguardan bajo la figura de la tentativa acabada, habiendo realizado todos los actos ejecutorios previos al resultado muerte, recogida en el artículo 16.1 del CP, pues realizan todos los hechos necesarios para producir el resultado muerte, con la excepción de que dejan el testigo de la muerte súbita a las bestias salvajes del bosque. Es un claro caso de tentativa, puesto que los culpables dan principio a la ejecución del delito por hechos exteriores, pero no practican todos los actos ejecutivos que debieran producir el resultado exigido por el tipo de delito.

Para la resolución del apartado de la **autoría y participación** debemos acudir de nuevo a nuestro texto de referencia, es decir, al *Código Penal,* en cuyo artículo 28 encontramos enumerados los tipos de autoría en sentido estricto, las razones en que se fundamenta nuestra pretensión. Léase la parte dispositiva en la que se declara que ese es el apartado correspondiente a los infantes de Carrión: «28. b) Los que cooperan a su ejecución con un acto sin el cual no se habría ejecutado». Por la interpretación del precepto deducimos que estamos ante un caso de coautoría en el que dos son los autores que, mediante un plan conjunto, de común acuerdo, y merced a la división de trabajo, llevan a cabo la ejecución de un delito. Es menester considerar la

---

[30] La determinación de la tentativa acabada e inacabada se lleva a cabo con base jurisprudencial de la STS 764/2014, 19 de noviembre de 2014, que resuelve tal diferencia en el elemento en que radica el «criterio del peligro para el bien jurídico que ha conllevado el intento». El plan de los infantes era humillarlas y golpearlas con las espuelas y correas, que no con sus espadas, Tizón y Colada, regalos del Cid a sus yernos, lo que exacerba aún más, si cabe, la cruel venganza desde todo punto desmedida. Después, las dejaron en el claro del bosque con la esperanza de que las bestias moradoras del lugar acabaran con los restos de las cortesanas. El comportamiento de los infantes es movido a tenor de una vendetta personal contra el Campeador a quien achacaron la puesta en libertad de un león tras el casamiento de los condes con las hijas del de Vivar y quedaron como cobardes al esconderse de la bestia en lugar de hacerla frente como hizo el Cid, quien al despertarse lo hace volver a la jaula sin esfuerzo. Bajo la premisa de cobrarse lo que ellos consideran su justicia, realizan estos actos atroces, pues, el mal siempre se ha culminado en nombre del bien. Una visión que sobrepasa todo límite realista del verdadero valor de justicia.

clara existencia de dicho plan conjunto, así como la división de trabajo, probando, además, que el dominio del hecho recae sobre los dos hermanos[31].

Ciertamente importa al Tribunal estas cuestiones para resolver la cuestión con mayor o menor grado sobre la **culpabilidad, punibilidad y antijuridicidad**. A los culpables se les debe reprochar el hecho realizado y exigirles, por lo tanto, responsabilidad penal asociada al daño provocado en el bien jurídico protegido respetándose los **agravantes o atenuantes** en los que recurren a conciencia o no de los mismos. Para la realización del respectivo examen jurídico, debemos tener claros los distintos conceptos citados. En el caso de la imputabilidad[32], que fundamenta su esencia en trata de analizar la capacidad del sujeto para ser motivado por el cuerpo normativo vigente y para ello se debe analizar sus posibles atenuantes y agravantes para con el caso propuesto. A este respecto, debe de tenerse en cuenta la gravedad de los hechos y la deliberación incrementada por parte de los actores que, pese al ruego probado de doña Sol, ellos no solo siguen con sus golpes, sino que incrementan el daño y se esfuerzan llegando incluso a competir el uno con el otro por ver quién causa mayor dolor en las mujeres que agotadas y doloridas, terminan por desfallecer de sufrimiento con un aliento mortal más propio del muerto que del vivo. El sadismo paladino del que se hacen gala los

---

[31] No asumimos el hecho de la participación, según el sentido amplio de autoría y participación del CP del artículo 29, de los sirvientes que acompañaban la campaña de los de Carrión. Pues entendemos que ellos no eran conocedores de los actos que se iban a precipitar tras su partida en procesión. Para probar dichas sólida argumentación de estas palabras tenemos a Félez Muñoz, primo de doña Elvira y doña Sol, que acompañaba a la comitiva de igual manera y partió con éstos bajo orden de los condes. Sin embargo, retornó en busca de sus primas. No por ser conocedor de los actos preparatorios, sino por una preclara intuición de malestar y desazón.

[32] Actual es la Sentencia Penal Nº 68/2021, Audiencia Provincial de A Coruña, Sección 2, Rec 1170/2020 de 21 de enero de 2021, que observa la necesidad de saber «[...] acerca de su estado mental para determinar su imputabilidad», realizando un repaso de los elementos de la imputabilidad. A tenor del concepto de imputabilidad la Sentencia Penal Nº 1003/2018, Audiencia Provincial de Barcelona, Sección 22, Rec 309/2018 de 19 de diciembre de 2018 resume las causas de imputabilidad de forma negativa: «[...] de modo que debemos siempre entender que una persona disfruta de las facultades mínimas de comprender y querer...».

infantes no merece si no un agravante por aumentar deliberadamente el dolor de sus víctimas, sintiéndose satisfechos por los actos cometidos con un desprecio sin paragón[33].

Bastan estas consideraciones para evidenciar la inexistencia de una posible eximente (art. 20 CP) o atenuante (art. 21 del CP), pero sí la temeridad necesaria y el atrevimiento del motivo de los hechos que estamos examinando para la aplicación de los agravantes recogidos en el art. 22 del CP. En este caso prima el agravante de alevosía contra doña Elvira y doña Sol, indefensas y sin posibilidad alguna de defensa frente a dos hombres espuelas y correas en mano, agravante que subsume la razón del asesinato en grado de tentativa acabada. En razón de la conciencia de la antijuridicidad, los sujetos deben ser conocedores de lo prohibido por la norma y disponer de la suficiente capacidad mental como para la comprensión de lo que es correcto y lo que no según los estándares vigentes legales[34].

Abundantes son las referencias jurisprudenciales y la **jurisprudencia relacionada** con este caso, aunque es consistentemente abordable desde diferentes puntos de vista y con matices multicolor. La violencia de un hombre contra una mujer ha sido siempre un caso de enorme conflicto desde los tiempos más antiguos de nuestra historia occidental, aunque este no sea un caso de violencia de género, merece la pena reivindicar este paradigma puesto que, a vuelapluma, nos encontramos con el caso de unos hombres que agreden a otras dos mujeres en un bosque. No todo

---

[33] Además del incremento deliberado de la agresividad y de la crueldad, sustraen a las damas todas sus prendas de valor, dejándolas a la suerte del apetito de las bestias salvajes del bosque. Ya en el siglo XX, Eleazar Huerta utilizaba el comportamiento perverso y ruin de los infantes para dar nociones de psicología moderna, como explicaba Irene Zaderenko, en su estudio sobre un ámbito con el que el derecho guarda mucha relación como es el estudio de la mente humana y sus confines más oscuros (Zaderenko, I. (2002). *Psicología, perversión y temas jurídicos en la Afrenta de Corpes.* Boston University.).

[34] A nuestro entender no es menester la aplicación de un error de tipo (actuar sin conocimiento de lo que está ocurriendo, como cuando un cazador dispara metralla contra una persona oculta tras unos matorrales teniendo la certeza de que disparaba contra un animal), o un error de prohibición (Se tiene la conciencia de que lo que se hace, pero se deduce que es legal y no lo es).

hombre es culpable por ser hombre, aun acusado por violencia de género, y no toda mujer es inocente por el mero hecho de su condición biológica, un ejemplo claro y actual es el juicio celebrado en estos momentos entre el actor Johnny Depp y su ex mujer Amber Heard. Todo aquello de lo que se acuse debe ser demostrado y probado ante un tribunal competente. En esta línea de pensamiento ya habló el filósofo Aristóteles en su día, afirmando que «La ley es razón, libre de pasión».

Desde la época del Imperio Romano y su filosofía de una sociedad atentatoria contra el género femenino ya se crearon sistemas para favorecer y enfrentar esa discriminación. Las mujeres se resguardaban bajo la tutela del *pater familias* o el «buen padre de familia». Fue a tenor de la conocida leyenda por todos del rapto de las sabinas, hecho histórico que relata el secuestro por parte de los fundadores de Roma de esas mujeres vecinas para casarse posteriormente con ellas a la fuerza, que derivó en la creación de una verdadera norma para la protección de la institución del matrimonio y la reputación del *pater familias*, protegiendo al menos de forma indirecta a la mujer. Esta norma se instauró como el *iudicium domesticum*, que sancionaba los atentados y agresiones físicas contra las mujeres romanas[35].

En lo referente al caso que verdaderamente nos ocupa, lejos de su apariencia externa, lo que se nos presenta es un delito de asesinato en grado de tentativa, con relevantes datos doctrinales y jurídicos a desarrollar.

---

[35] Aunque lejos quede esa leyenda mitológica de nuestros tiempos, se presenta más cercana de lo que parece. Este caso, aún no siendo discriminatorio para las mujeres por el mero hecho de su condición biológica, está revestido de tal, por ello, aún no entrando en la literatura jurídica de ese ámbito, merecía la pena dar unas nociones históricas de tal paradigma, añadiendo como fuente de valor y justicia la Sentencia del Tribunal Supremo 119/2019, de 6 de marzo, donde el tribunal enumeró una serie de condiciones a la hora de observar la existencia efectiva de una verdadera víctima de violencia de género.

Referenciable es, a instancias del asesinato que se nos plantea, la reciente Sentencia Penal N° 405/2021, Audiencia Provincial de Tenerife, Sección 5, Rec 29/2021 de 09 de noviembre[36], que califica y cuantifica las agravaciones indisolubles del asesinato que en el caso de dicha resolución es la alevosía y el ensañamiento, razones agravantes que se dan en el caso de estudio analizado.

Importante es la STS 321/2017, de 4 de mayo[37], que determina para la valoración de un desistimiento es la voluntariedad del sujeto actor del hecho delictivo que, voluntariamente y sin mediar interrupción de cualquier otro sujeto decide detener la acción antes de producirse el resultado del tipo determinante que en este caso es la muerte. Base jurisprudencial repetida en cuanto a la figura del desistimiento y la determinación de su aplicación o no son las sentencias siguientes[38]: por una parte, la STS 77/2017, de 9 de febrero; la STS 912/2016, de 1 de diciembre; y la STS 471/2018, de 17 de octubre; en dichas sentencias el Alto Tribunal expone los requisitos que han de darse para la implementación de la institución del desistimiento, que son, a saber: la voluntariedad del sujeto activo, que se realice una acción positiva y eficaz para la detención del daño lesivo, y que se detenga dicha acción en su plenitud y por completo, evitando el resultado. Sin embargo, y como anteriormente hemos argumentado, el desistimiento es una acción que debe ser activada en un momento anterior y no cuando las dos víctimas quedan en estado de «moribundez», afirma la sentencia. Es esta razón más que fundada para evaluar jurisprudencia que patentiza sobre la naturaleza de la tentativa. En caso de que las víctimas hubieran acabado con posibilidades de poder escapar y los

---

[36] Igual de importante a la Sentencia Penal N° 405/2021, Audiencia Provincial de Tenerife, Sección 5, Rec 29/2021 de 09 de noviembre de 2021; es la Sentencia Penal N° 3/2021, Audiencia Provincial de Castellón, Tribunal Jurado, Rec 5/2020 de 11 de marzo de 2021; que además recoge en su haber un caso de coautores como en el caso de estudio planteado de los infantes de Carrión.

[37] Resulta crucial la STS 321/2017, de 4 de mayo, para la determinación de la figura del desistimiento. Por ello su importancia en citarla como base relacionada con el caso que nos ocupa.

[38] Es amplia la jurisprudencia que avala el compromiso de la decisión para la determinación de la figura del desistimiento. En este contexto, referenciamos la siguiente jurisprudencia: STS 77/2017, de 9 de febrero, 2017; STS 912/2016, de 1 de diciembre; STS 471/2018, de 17 de octubre; STS 888/2016, de 24 de noviembre; y la STS 823/2016, de 3 de noviembre.

infantes cesaran sus arremetidas, sí podríamos estar ante un desistimiento. Al dejarlas moribundas, ya se ha realizado parte de la acción de matar porque ellas no pueden valerse por sí solas.

Importa discutir la condición jurídica de la referida figura en la STS 218/2022, 9 de marzo, que determina el valor y efectos legales de la tentativa en un caso de asesinato en grado de tentativa con la apreciación de alevosía. Prescindiendo de todas las razones subsidiarias y perseverando en nuestro empeño, el Alto Tribunal realiza una consideración más que resaltable de la tentativa y su correcta determinación, además que resolver sobre el instrumento de la alevosía de modo siguiente: «El Alto Tribunal recuerda que la eliminación de toda posibilidad de defensa, como presupuesto objetivo de apreciación de la alevosía, reclama una valoración normativa de las posibilidades situacionales de las que disponía la víctima para desplegar una defensa mínimamente eficaz, lo que resulta compatible con intentos defensivos de autoprotección frente al ataque».

El caso actual, el supuesto de que nos ocupamos en este momento, se fundamenta en una evidencia clara de evitación voluntaria del resultado, esencia de la STS 888/2016, de 24 de noviembre; y la STS 823/2016, de 3 de noviembre). Los hombres que intervienen en la ejecución del delito dejan el proceso criminal en manos de la ambigua suerte de doña Sol y doña Elvira, deshabilitando previamente sus posibilidades de defensa.

Aunque hasta ahora no lo hemos mencionado, somos también conscientes de que existe un robo por parte de los infantes que, sumado al asesinato en grado de tentativa, dan como consecuencia un **concurso de delitos** de tipo real, puesto que en este caso los delitos son independientes entre sí. Se da un concurso real por la concurrencia de delitos y la pluralidad de hechos. En este caso, uno no es consecuencia del otro, sino que son separados en tiempo, aunque no en espacio. Primero se produce el asesinato y, posteriormente, el desvalijo de todas las pertenencias de las damas. Acerca de este último delito, consideramos que se trata de un robo por la fuerza en las cosas y la violencia empleada, no directamente para la sustracción, pero sí como consecuencia de la indecente ristra de golpes recibidos en cascada y sin descanso por parte de los infantes de Carrión.

Para la **calificación de la pena**, a nuestro juicio y bajo los preceptos corresponde, acudimos a los saberes del catedrático de derecho Penal Gerardo Landrove Díaz, quien estipula en su manual sobre Las consecuencias jurídicas del delito[39], las consideraciones necesarias para la determinación de la pena en función de los parámetros legales establecidos para tal fin. El delito de robo con fuerza en las cosas (recogido en el artículo 238 del CP) se castiga con pena de prisión de 1 a 3 años según el artículo 240.1 del *Código Penal*.

La pena para el delito de asesinato es, conforme al artículo 139 del *Código Penal*, de 15 a 25 años. Aunque al ser en grado de tentativa, se aplica el artículo 65, de manera que se le puede imponer una reducción, bajando la pena uno o dos grados en atención a la no consumación del delito en sentido estricto. Puesto que esta rebaja es un punto subjetivo según la consideración del Tribunal, calcularemos las penas en un grado inferior de la pena de consumación de asesinato. En tal caso y acogiéndonos al artículo 70 del *Código Penal*, la pena por asesinato en grado de tentativa es al formada por sus dos límites penológicos.

Para la determinación de la pena que le corresponde hemos de acudir al artículo 76 del *Código Penal* y definir así las reglas penológicas por las que nos debemos regir para la sanción de los delitos adscritos bajo la figura del concurso real heterogéneo, bajo el principio de acumulación material del art. 73 CP por el que se suma la totalidad de los años de los delitos cometidos; y asimismo bajo el principio de acumulación jurídica con su respectivo límite relativo resultado del triple de la pena más grave, y desde el límite absoluto consecuencia de la aplicación del precepto penológico.

---

[39] Landrove Díaz, G. (2005). *Las consecuencias jurídicas del delito*. Madrid: Editorial Tecnos. p. 184.

Llegados a la conclusión acerca del caso, sobra declarar una última **consideración final**, con matices de corte histórico y repasando a vuelapluma el caso presentado[40]. Si lo ajustamos a lo sucedido en el poema del Cantar del Mío Cid, la Divina Providencia, en sus más íntimas e inescrutables designios, no siempre reserva para otra vida la expiación de los delitos cometidos en ésta. En algunos casos se consigue hacer sentir a los que delinquen, aunque sea una ínfima parte, penas proporcionadas a la oscura y enferma perversidad de su proceder. En este caso, el poema relata el enfrentamiento en duelo de los infantes de Carrión con hombres de la mesnada del Cid. Para aquella época, este era un caso de honra, entendida como un valor social necesario contra la vergüenza[41].

En la realidad más actual Los de Carrión no se enfrentarían a un duelo de caballeros, pero sí sufrirían la pena de ser recluidos en un centro penitenciario, apurando en él la amargura de su expiación por el asesinato en grado de tentativa. El reflejo propio de la conciencia social se hace carne en la desnuda presentación de unos hechos que derivaron en unos fundamentos de derechos cuyo valor se alza, sin más estímulos, que aquellos que inspiran la justicia. Ya en aquellos tiempos justicia se hizo para con los de Carrión, pero hoy una vez más se leva esta cuestión a los tribunales para el desahogo del tenaz conocimiento de aquellos que lean estas

---

[40] Si este icónico y épico caso poético se hubiera llevado al Antiguo Egipto, los corazones de los presuntos culpables se colocarían en uno de los platos de la balanza de la justicia de Anubis, colándose en la otra la Pluma de la Verdad, que representaba las malas artes de los malhechores durante su vida en la tierra. Si el corazón de los infantes pesaba menos que la pluma, ambos órganos eran devorados por un monstruo de espectral forma y los cuerpos de los de Carrión desaparecían en humo. Por el contrario, si el corazón más que la pluma de avestruz pesaba, los dioses les permitían cruzar las puertas al Yarú, el cielo de los antiguos egipcios. En este caso, el Devorador, hubiera cumplido su función, castigando a los dos mancebos.

[41] Acosta, L. A. (2009). *Violencia contra la mujer en el Cantar de Mío Cid y en el Nibelungenlied*. Revista de Filología Alemana ISSN: 1133-0406, vol. 17, p. 29-51. La justicia del duelo también era el procedimiento jurídico de la época de la escritura del texto, como ha demostrado Collin Smith. Es un asunto político, no solo personal. La honra de las hijas del Cid afecta a la posición del héroe. De hecho, muertos los infantes de Carrión, el rey da nuevos maridos a las jóvenes, de ilustre cuna.

palabras y de las que, aunque sea en un ínfimo poso, cultiven algún básico conocimiento jurídico sobre el asesinato y la tentativa.

DON QUIJOTE DE LA MANCHA. DON QUIJOTE Y SANCHO PANZA A JUICIO

I. CONTEXTO HISTÓRICO-JURÍDICO

La creatividad de Miguel de Cervantes roza lo extraordinario literaria y jurídicamente en la obra que examinamos en este apartado: Don Quijote de la Mancha. La novela plantea muy diversas teorías que la conectan con el mundo jurídico desde diferentes planos y perspectivas[42]. Es mucha la literatura penalista que desglosa algunos de los delitos contenidos en esta obra cervantina, pero ninguno como el que hasta ahora vamos a analizar nosotros. El nutriente de la que se alimentan las aportaciones realizadas por juristas o figuras afines constituye en su mayoría estudios dogmáticos y algunas otras referidas a las instituciones e instrumentos penales de la época quijotesca. La minuciosidad con la que el escritor esboza los distintos delitos que aliñan su obra es compleja y difícil de concretar, si bien es sabido que Cervantes no cursó la carrera de derecho[43]. Lo que sí es un hecho probado es su desenvoltura en el ámbito legal.

«La razón ha de ser juzgada por la propia razón» postula Kant. Es por ello que nosotros debemos realizar este análisis con el cuidado cirujano que requiere el texto, repasando el tomo cervantino, destacando los actos ilícitos que se le pueden achacar a su hidalgo quijotesco a lo largo del relato y que, en compañía de su fiel y servicial Sancho Panza, personaje también digno de análisis en cuanto a su relación de autoría y participación se refiere, debemos considerar desde el punto de vista jurídico objetivo y subjetivo. Javier Escudero, ferviente y prolífico investigador de la época quijotesca, desvela muchos datos a tener en muy alta

---

[42] Botero Bernal, A. Dykinson. (2009). «*El Quijote y el derecho: las relaciones entre la disciplina jurídica y la obra literaria*». Revista Jurídica: Universidad Autónoma de Madrid. 20. II, p. 20.

[43] Si bien se ha especulado alguna vez con esta hipótesis, véase: Bermúdez Aznar, A. (2005). *Jueces y juicios en el Quijote cervantino*. Lección Inaugural Curso Académico 2005-2006 UNIVERSIDAD DE ALICANTE, p. 6, nota 11. No se ha probado de manera oficial tal afirmación hipotética.

consideración para entender mejor el contexto histórico que nos ocupa este caso[44]. El empedernido historiador ha escrito diversos tomos con ayuda de documentación y procesos judiciales de la época, que pudieron inspirar a Cervantes para la creación de su particular hidalgo manchego. El escritor dio la prestancia que se merecía a La Mancha y sus hermosos campos, logrando cargar el ambiente con fundamentos subyacentes jurídicos importantes a destacar por su precisión delictiva. Si bien es veraz la existencia de un sinfín de delitos en la extensa obra cervantina, nuestro estudio se ha de centrar en dos míticos e inolvidables episodios delictivos que se producen de la mano del hidalgo de La Mancha El caso de los molinos de viento y el de los Galeotes.

---

[44] Escudero, J. (2022). *Las otras vidas de don Quijote*. Madrid, España: Sinequanon Ediciones B. Libro que recoge historias de otros hidalgos del mismo talante que nuestro particular Don Quijote de la Mancha entre 1578-1594, que pudieron inspirar a Cervantes.

II. FUNDAMENTOS DE HECHO

3. Juez

Después de la elección de dos de los capítulos más descriptivos de la actitud del hidalgo, hemos de acudir a un ejemplar en papel de Don Quijote de la Mancha de Cervantes, la edición, con introducción y notas, de Martín de Riquer, editada por la Real Academia Española de 1994[45].

El primero se desarrolla en Q, I, 8 (pp. 154-163): «Del buen suceso que el valeroso don Quijote tuvo en la espantable y jamás imaginada aventura de los molinos de viento, con otros sucesos dignos de *felice* recordación».

«En esto descubrieron treinta o cuarenta molinos de viento que hay en aquel campo, y así como don Quijote los vio, dijo a su escudero:

---

[45] Miguel de Cervantes, *Historia de la literatura: Don Quijote de la Mancha,* ed. de Martín de Riquer, Barcelona, RBA Editores, 1994.

38

—La ventura va guiando nuestras cosas mejor de lo que acertáramos desear; porque ves allí, amigo Sancho Panza, donde se descubren treinta o pocos más, desaforados gigantes, con quien pienso hacer batalla y quitarles a todos las vidas, con cuyos despojos comenzaremos a enriquecer; que ésta es buena guerra, y es gran servicio de Dios quitar tan mala simiente de sobre la faz de la tierra […]

—Mire vuestra merced —respondió Sancho— que aquellos que allí se parecen no son gigantes, sino molinos de viento.

—Bien parece —respondió don Quijote— que no estás cursado en esto de las aventuras: ellos son gigantes; y si tienes miedo, quítate de ahí, y ponte en oración en el espacio que yo voy a entrar con ellos en fiera y desigual batalla.

Y diciendo esto, dio de espuelas a su caballo Rocinante, sin atender las voces que su escudero Sancho le daba, advirtiéndole que, sin duda alguna, eran molinos de viento, y no gigantes, aquellos que iba a acometer.

[…] bien cubierto de su rodela, con la lanza en ristre, arremetió a todo galope de Rocinante y embistió con el primero molino que estaba delante; y dándole una lanzada en el aspa, la volvió el viento con tanta furia, que hizo la lanza pedazos, llevándose tras de sí al caballo y al caballero, que fue rodando muy maltrecho por el campo. Acudió Sancho Panza a socorrerle […]».

El segundo de los episodios se narra en Q I, 22 (pp. 283-294): «De la libertad que dio don Quijote a muchos desdichados que, mal de su grado, los llevaban donde no quisieran ir».

«[…] don Quijote alzó los ojos y vio que por el camino que llevaba venían hasta doce hombres, a pie, ensartados como cuentas en una gran cadena de hierro, por los cuellos, y todos con esposas a las manos. Venían asimismo con ellos dos hombres de a caballo y dos de a pie; los de a caballo, con escopetas de rueda, y los de a pie, con dardos y espadas; y que, así como Sancho Panza los vido, dijo: […]

—No digo eso—respondió Sancho–, sino que es gente que por sus delitos va condenada a servir al rey en las galeras, de por fuerza. […]

—Pues desa manera —dijo su amo—, aquí encaja ejecución de mi oficio: desfacer fuerzas y socorrer y acudir a los miserables.

—Advierta vuestra merced —dijo Sancho—, que la justicia, que es el mesmo rey, no hace fuerza ni agravio a semejante gente, sino que los castiga en pena de sus delitos.

[…] Y, diciendo y haciendo, arremetió con él tan presto, que, sin que tuviese lugar a ponerse en defensa, dio con él en el suelo, malherido de una lanzada; y avínole bien, que éste era el de la escopeta. Las demás guardas quedaron atónitas y suspensas del no esperado acontecimiento; pero, volviendo sobre sí, pusieron mano a sus espadas los de a caballo, y los de a pie a sus dardos, y arremetieron a don Quijote, que con mucho sosiego los aguardaba; y sin ninguna duda lo pasara mal, si los galeotes, viendo la ocasión que se les ofrecía de alcanzar libertad, no la procuraran, procurando romper la cadena donde venían ensartados. […]

Ayudó Sancho, por su parte, a la soltura de Ginés de Pasamonte, que fue el primero que saltó en la campaña libre y desembarazado, y arremetiendo al comisario caído, le quitó la espada y la escopeta, con al cual, apuntando al uno y señalando al otro, sin dispararla jamás, no quedó guarda en todo el campo, porque se fueron huyendo, así de la escopeta de Pasamonte como de las muchas pedradas que los ya sueltos galeotes les tiraban[46]».

---

[46] Ídem. Pág. 22. Fragmento sacado de forma íntegra y sin manipulación ni

traducción al castellano más actual de las palabras de Cervantes adaptado suficientemente por Riquer.

III. FUNDAMENTOS DE DERECHO

En este caso vamos a analizar un conjunto de actos ilícitos que se le podrían imputar al hidalgo de La Mancha y a su fiel compañero de aventuras. Entre otros actos: Menoscabo y destrucción de mobiliario privado, actos y atentados contra agentes del orden público y otros actos que deben conocer la jurisdicción competente para la calificación de la correspondiente responsabilidad criminal penal, obviando las posibles consecuencias civiles que tales actuaciones por parte de los sujetos implicados pudieran darse como consecuencia de tales actividades deleitosas traen en boga a nuestro estudio.

El primero de los actos descritos es fruto de una clara parodia que, sin menoscabo de la versión burlesca que Cervantes quiso representar con motivo de las frecuentes historias fantásticas y de caballerías donde los hombres luchaban contra monstruosos gigantes de mis pies de altura, nosotros lo escogemos como hecho que presenta un acto ilícito que hay que analizar con un posible delito de daños tipificado en el art. 263 del *Código Penal*[47]. Es amplia la doctrina jurisprudencial al respecto de este tipo de delitos, si bien es cierto que entre las Audiencias Provinciales no hay una jarra de medida equiparable[48], pues cada una considera la inclusión o no de ciertas cuantías para la resolución final del daño sufrido[49]. Si bien es cierto que este primer caso no es digno de especial

---

[47] Art. 263 de la Ley Orgánica 10/1995, de 23 de noviembre, del *Código Penal Español*. Publicada en el BOE a día de 13 de abril de 2022.

[48] Véase las diferencias claramente perceptibles en las siguientes sentencias de Audiencias Provinciales e incluso del Tribunal Supremo que no usan un mismo criterio para establecer la cuantía en delitos de daños: STS de 4 de febrero de 2005, que obliga a la reparación del daño moral; la STS 475/2020, de 25 de septiembre recoge en su haber que para el establecimiento de la cuantía del delito por daños se debe computar los materiales y el IVA repercutido, pero no la mano de obra; la SAP 496/2014, de 27 de noviembre de Cáceres Sección 2ª, que afirma que se debe incluir el IVA así como la mano de obra preceptiva.

[49] El Tribunal Supremo sí que estipula que: «en la cuantificación del daño típico del delito de daños debe incluirse el impuesto del valor añadido y excluirse los gastos realizados para la reparación del resultado producido, los cuales deberán incluirse como perjuicio susceptible de ser indemnizado en la consecuencia jurídica referida a la responsabilidad civil derivada del delito». Extraída de la STS 327/2017, de 9 de mayo de 2017 del Tribunal Supremo de Pleno, que reitera los fundamentos de derecho de la STS 192/2017, de 24 de octubre de 2017.

análisis por el hecho delictivo, sí que nos proporciona una idea clara y objetiva del estado de salud mental de don Quijote que analizaremos posteriormente en su debido apartado. De ahí la importancia de la inclusión de la famosa escena.

El segundo de los asuntos nos parece mucho más graveso, pues en tal acto el hidalgo y su fiel acompañante se enfrentan a la autoridad en favor de la libertad de unos delincuentes. Debemos aquí detenernos con más profundidad para analizar si estamos o no ante un delito contenido en el Título XXII de delitos contra el orden público, Capítulo II, «De los atentados contra la autoridad, sus agentes y los funcionarios públicos, y de la resistencia y desobediencia». Concretamente, el delito de atentado contra la autoridad, tipificado en el art. 550[50], con agravante que nos llevaría al art. 551 del *Código Penal*[51].

Una circunstancia hay para calificar a ambos episodios como delito, aunque los comportamientos y escenarios difieren, el esquema básico delictivo es similar, con ciertas puntualizaciones que iremos recalcando a su debido tiempo documental. Retomamos el trabajo de Rodríguez Devesa y Serrano Gómez para el análisis de los **sujetos de la acción** en su sentido de hecho ilícito[52]. La acción en los dos acontecimientos es cumplida en sus tres requisitos indispensables, a saber: externo, voluntario y humano[53]. Sin

---

[51] Es menester una correcta y fundada acusación para no caer en la paradoja de la acusación fundada que explica un recopilatorio de casos jurisprudenciales realizado por el Consejo General del Poder Judicial. Consejo General del Poder Judicial. (1992). *Cuadernos de derecho Judicial: La prueba en el proceso penal.* En C. G. Judicial, *Cuadernos de derecho Judicial: La prueba en el proceso penal* (págs. p. 25-30). Madrid: Consejo General del Poder Judicial. En el manual se explica la importancia de tal acto como pretensión necesaria para disponer de unos elementos mínimos que permitan la continuación del procesamiento y no acabar en un sobreseimiento. En el caso que nos ocupa estamos vastos y saciados de los suficientes testimonios y pruebas que validan la actuación de don Quijote, sin menospreciar la participación de Sancho Panza que posteriormente también la consideraremos para nuestro estudio en un apartado a tal respecto.
[52] Rodríguez Devesa, J. M., & Serrano Gómez, A. (1992). *Derecho Penal Español Parte General.* Madrid: Dykinson. pp. 361-370.
[53] Lo que podemos recalcar que no se dan en ambos casos son fuerza irresistible, estado de inconsciencia o movimiento reflejo. Incoherente del mismo modo es la aplicación de la acción fortuita o ajena al hidalgo, reo instigador de la acción.

embargo, las acciones de don Quijote se deben a su particular visión del mundo, que deberá ser evaluada más adelante.

Muñoz Conde & García[54] Arán discurren en su obra *Derecho Penal Parte General* sobre los elementos del **tipo global de injusto** del delito doloso de la acción.

Versa la cuestión del objeto o **bien jurídico protegido** sobre el valor protegido en los distintos tipos dolosos de la acción. Con arreglo a las leyes es plausible conocer el paradigma del valor protegido en cada uno de los escenarios presentados a juicio. En el caso de los molinos se trata de la propiedad privada, debiendo precisar que lo que interesa al tipo general de este delito no es el reparo económico, sino el menoscabo o la propia destrucción del bien mueble o inmueble de título público o privado. Por su parte, en el caso de los galeotes, los intereses jurídicos salvaguardados son la dignidad y el respeto hacia los funcionarios públicos, que se sustentan bajo el principio de autoridad, constituido además por la garantía del correcto funcionamiento de los servicios públicos, principios que recoge la jurisprudencia[55] como insignes bienes jurídicos a proteger en los delitos contenidos en el Capítulo II del Título XXII del *Código Penal Español*.

Estos bienes jurídicos protegidos son, continuando la fábula, y dejando ya a un lado el objeto, causados por los **sujetos activos**, instigadores de la principal acción penal. En la primera de las escenas tal responsabilidad recae sobre el Quijote, quien cargó violentamente, y sin reparo alguno pese a las advertencias, contra los no tan inofensivos molinos de viento, los cuales repelen el

---

[54] Obra reseñable de los académicos Muñoz Conde & García Arán, *Derecho Penal Parte General (10ª Edición)* 2019, publicada por la editorial Tirant Lo Blanch.

[55] Véase la Sentencia del Tribunal Supremo 749/1990, de 31 de enero (Roj: STS 749/1990 - ECLI:ES:TS:1990:749, 1990), que dice así a tal respecto sobre el bien jurídico protegido: «[…] es opinión pacífica comúnmente compartida por la doctrina científica y por la jurisprudencia respecto a que el bien jurídico protegido por los preceptos… el principio de autoridad por exigirlo así la dignidad de la función pública por la trascendencia que para el cumplimiento de los fines del Estado tiene el respeto debido a sus órganos».

ataque del hidalgo en un acto de metafórica legítima defensa. En el caso de los galeotes los sujetos activos y responsables de los resultados penales son el Quijote, Sancho Panza y los galeotes, que arremeten contra los sujetos pasivos.

Los actores se sirven de sus malas artes en contra de los **sujetos pasivos** en ambos escenarios presentados. En el primero de los casos el sujeto pasivo es el desconocido propietario de los molinos de viento, pues es el titular de tal bien jurídico protegido, mientras que en el caso de los galeotes los sujetos pasivos son los policías que reciben los improperios y agresiones de los presos que iban a galeras y del propio Quijote. Tal desobediencia y posterior violencia es ejercida sobre los sujetos pasivos que en este segundo acontecimiento sólo pueden ser los agentes de seguridad, tal y como lo considera el artículo 24 del vigente *Código Penal*[56]. Los sujetos se encontraban ejerciendo efectivamente su cargo de autoridad competente como funcionarios públicos[57], cuando se le ocasionaron esas agresiones descritas, remitiéndome a los fundamentos de hecho anteriormente marcados.

Examinados ya los anteriores elementos, sobra toda discusión sobre la determinación de los **sujetos de la acción**, que en esta ocasión con el Quijote; su fiel compañero, Sancho Panza; y los galeotes presentados en los fundamentos de hecho.

Berdugo Gómez de la Torre y Arroyo Zapatero[58] aseguran que, en estos casos, sobre todo, no hay que confundir el objeto jurídico o del delito, explicados anteriormente, con el **objeto**

---

[56] Art. 24.2 de la Ley Orgánica 10/1995, de 23 de noviembre, del *Código Penal Español* dice así: Se considerará funcionario público todo el que por disposición inmediata de la ley o por elección o por nombramiento de autoridad competente participe en el ejercicio de funciones públicas. Publicada en el BOE a día de 13 de abril de 2022.

[57] La jurisprudencia otorga un grado amplio de «cargo, autoridad» o, en definitiva, «funcionario público», dejando como únicos requisitos para ser considerado funcionario público el nombramiento y la participación en las funciones públicas, como dispone la Roj: STS 1030/2007 - ES:TS:2007:8289, de 4 de diciembre.

[58] Berdugo Gómez de la Torre, Arroyo Zapatero, & Otros, *Lecciones de derecho Penal Parte General*, publicada por la Editorial Praxis en 1999. Recoge parte importante doctrinal importante sobre el caso.

material o de la acción. En el acontecimiento de los molinos, si bien el objeto jurídico es la propiedad privada, en el caso del objeto material es aquel sobre el que recae la acción, es decir, el bien mueble o inmueble ajeno que sufre la acción penal que en este caso son los molinos contra los que Quijote carga en el firme pero desacertado convencimiento de que eran gigantes tales construcciones brogdinarianas.

En el segundo de los sucesos el objeto material es personificado en los agentes de la autoridad sobre los que recae la acción típica. Dicha acción está regulada en el cuerpo legal vigente y entendemos como **conducta típica**. En el primero de los episodios tenemos un delito de daños tipificado en el artículo 263 del *Código Penal Español*, castigando aquellos actos gravosos en propiedad ajena pública o privada. Al tratarse de un molino de viento, perfectamente es algo susceptible de ser tasado y cuantificado para detallar el valor de lo dañado. Es un delito en el que el objetivo no es el ánimo de lucro, sino el menoscabo de algo ajeno por el mero hecho de la realización del acto. Debe ser, además, susceptible de un aumento de la pena al hacer uso de una lanza, que es un medio peligroso, para cargar contra los molinos. Sin embargo, cabría hacer uso de un perito que pudiera comprobar si estamos ante un delito de daños leve o grave, según el daño causado sea inferior o superior a 400 euros[59].

En el segundo de los episodios nos encontramos con la extralimitación de un mero desobedecimiento penado en el art. 556 del CP[60], calificando los actos con una lesión directa del art. 550 del CP[61], que, concurriendo un posible agravante aumentaremos la

---

[59] Referenciable es Alicia Rodríguez Núñez, autora del manual tomado como guía, *Delitos (2ªEd.). La parte especial del derecho Penal*. Editado por Dykinson S.L. en 2017.

[60] Art. 556 de la Ley Orgánica 10/1995, de 23 de noviembre, del *Código Penal Español*, señala que «Serán castigados… los que, sin estar comprendidos en el artículo 550, resistieren o desobedecieren gravemente a la autoridad o sus agentes en el ejercicio de sus funciones…». Publicada en el BOE a día de 13 de abril de 2022.

[61] Art. 550 de la Ley Orgánica 10/1995, de 23 de noviembre, del *Código Penal Español*, recoge cuándo se considera un acto atentado contra la autoridad y serán los cometidos contra los funcionarios «[…] cuando se hallen en el ejercicio de las funciones de sus cargos o con ocasión de ellas». Publicada en el BOE a día de 13

pena, imponiéndose el art. 551 del CP[62], artículo que absorbe el daño del 550 con la utilización de medios materiales potencialmente agresivos y dañinos[63]. Para tal ocasión la doctrina jurisprudencial ha definido y destacado los requisitos que se han de dar para estar hablando de un delito de atentado contra el cuerpo de orden público[64]. Los sujetos activos, en este caso el Quijote y los demás delincuentes esposados hacen un uso de la fuerza desmedido que sobrepasa el concepto de «agredir corporalmente» que define el profesor Muñoz Conde en su obra, *Derecho Penal Parte Especial*[65], para confluir en lo que el conspicuo docente define como «violencia corporal efectiva».

La jurisprudencia es clarificadora imponiendo unas directrices a la hora de calificar un acto dentro del tipo agravado del 551 del CP. Se han aunado los criterios establecidos para tal agravio superior del tipo general en los siguientes[66]: A) La existencia de un acto considerado agresivo, consideración que el Tribunal deja a la Academia de la Lengua Española, que lo define como «Acto de

---

de abril de 2022.

[62] Art. 551 de la Ley Orgánica 10/1995, de 23 de noviembre, del *Código Penal Español*, que impone una pena superior más grave cuando: «Haciendo uso de armas u otros objetos peligrosos» se ocasione daño en los agentes de la autoridad. Publicada en el BOE a día de 13 de abril de 2022.

[63] Tal precepto se menciona expresamente en la STS 98/2017, de 16 de febrero de 2017. También ese ataque agresivo es recogido como fundamento en la STS 338/2017, de 11 de mayo de 2017.

[64] «[…] a) un acto básico de acontecimiento, empleo de la fuerza, intimidación grave, o resistencia también grave; b) que tal acto vaya dirigido contra un funcionario público o agente de la autoridad; c) que dicho sujeto pasivo hallare en el ejercicio de sus funciones propias del cargo, y, si así no fuera, que el autor del hecho hubiera actuado «con ocasión de ellas», pues en este delito no se pretende proteger a la persona del funcionario, sino a la función que éste desempeña, precisamente por el carácter público de ésta; d) que exista un «animus» o propósito de ofender a la autoridad o sus agentes, y que consiste en faltar al respeto debido a quienes encarnan el principio de autoridad (STS 12 junio 1995)». Se han tenido en cuenta los criterios del Auto de 22 de octubre de 1997, núm. 2065/1997, Recurso de Casación núm. 1114/1996, Tribunal Supremo, Sala de lo Penal, que recoge además fundamentos de la STS de 12 de junio de 1995.

[65] Se hace referencia a la obra de Francisco Muñoz Conde, *Derecho Penal Parte Especial Edición 23ª*, publicada por la editorial Tirant Lo Blanch. p. 1016.

[66] Criterios extraídos de la STS 87/2001, de 29 de enero; STS 2003/2000, de 20 de diciembre; STS 950/2000, de 4 de junio; STS 1604/2000, de 21 de octubre, respectivamente.

acometer a alguien para matarlo, herirlo o hacerle daño[67]». B) El uso de algún medio armamentístico, es decir, de objetos peligrosos para la integridad de una persona. Si bien es cierto que se ha excluido de la definición de «medio peligroso» el lanzamiento de piedras a la autoridad, en el caso de los galeotes el lanzamiento de piedras se produce después de, robo de las armas a los agentes y las agresiones a los mismos con medios que los tribunales si consideran «medios peligrosos».

Sin perder el hilo de las ideas y examinada su conducta típica con aquella prolijidad jurisprudencial que reclama el cumplimiento de su contenido, el primero de los acontecimientos posee un **tipo objetivo** de *animus damnandi o nocendi,* es decir una voluntad de causar daño material, mientras que en el segundo ambiente presenta un ánimo de desobedecer y agredir a la autoridad pública competente con amenazas y lesiones.

Diestro paladín infranqueable y cortés para con el análisis del resultado ocasionado sobre los sujetos pasivos por los actores del hecho delictivo es el **resultado causal**, que en el caso de los molinos no es la destrucción sino un deterioro del bien. Mientras que en el caso de los que van a galeras son las agresiones contra la autoridad. Pero, para la motivación de tales afirmaciones debemos aplicarlas teorías de la **relación de causalidad**, que importa muchas de sus estudios doctrinales de las ciencias naturales. Entre las teorías que cabe destacar está el método de la supresión mental o *conditio sine qua non.* Podemos aseverar que, suprimiendo los daños sobre los molinos y la desobediencia por parte del Quijote hacia los policías, resolvemos que, a través del pertinente juicio de valor, no se dan los resultados, ergo, son causa del resultado tales actos. Más inquisitivo y preciso es el análisis a través de la fórmula de Engisch, el cual, haciendo uso de toda regla natural y científica, confirma nuevamente la misma conclusión alcanzada con el método de la supresión mental, es decir, que los actos del Quijote sí son considerados causas más que directas de los respectivos resultados provocados.

---

[67] Definición extraída del diccionario de la Real Academia de la Lengua Española.

Ya acabado el análisis acerca de la relación causal de los actos y el resultado, Devesa y Serrano Gómez lo vuelven a apuntar a la perfección en su manual de *Derecho Penal Español*, definiendo los requisitos necesarios para que pueda darse la **imputación objetiva**[68]. Tales exigencias son analizadas y cumplidas[69].

Sin embargo, es indudable la relevancia de la **acción típica** del art. 550 y 551 del *Código Penal*, considerando realizar un análisis de la conducta de ambos en los tipos penales. En primer término, para la consideración de funcionario o autoridad, examinamos el art. 24 del *Código Penal*[70]. Pertinente es la STS

---

[68] Rodríguez Devesa, J. M., & Serrano Gómez, A. (1992). *Derecho Penal Español Parte General*. Madrid: Dykinson. p. 371.

[69] No vale el espacio repetir el análisis de la imputación objetiva, pero podemos analizarlo en este apartado: Es evidente la creación de un riesgo previsible (ex ante), puesto que se advierte el maníaco ataque contra los molinos y su menoscabo en la integridad de la estructura arquitectónica. Pese a que el Quijote desconocía la verdadera identidad de su "enemigo", eso no exime que dejara de enfrentarse a tal adversario. Sin embargo, es evidente la imaginación psicótica del hidalgo, que en este sentido le eximiría de este delito, quedando impune. En el caso de los galeotes en el que Quijote y los prisioneros obran contra la policía, está fuera de toda duda que, a ojos de un espectador objetivo con los conocimientos de los actores, su clarificado objetivo era el atentado contra los cuerpos de seguridad.
En el segundo de los requisitos exigidos por la imputación objetiva, es aceptado el riesgo desaprobado judicialmente en ambos casos. En el primero por el artículo 263 del CP. En el segundo de los casos por los artículos 550, 551 del CP y el art. 5.2 apartado c de la LO 2/1986, de Fuerzas y Cuerpos de Seguridad, y la jurisprudencia que se ha pronunciado al respecto.
La materialización del riesgo en el resultado producido (ex post) es el último de los requisitos necesarios que han de cumplirse. En el primero de los casos lo que se castiga y por tanto el resultado causado es el daño en medida de su valor como cosa, y no por su perjuicio patrimonial causado. Si este requisito no se llegara a consumar, quedaría el proceso concluido en una tentativa. En el segundo de los acontecimientos, el delito de atentado contra la autoridad se castiga en atención a la desobediencia y agresión contra los policías, resultado que se consuma. Para tal ilustración jurisprudencial ante la afirmación, debemos mencionar la STS 3/2014, 21 de enero, que recoge los requisitos necesarios para la aplicación de este delito, del que afirma el Alto tribunal: «El propósito de atentar contra la autoridad no requiere una especial decisión del autor, diferente a la decisión de realizar la acción, es decir, no es un elemento volitivo especial, sino un elemento cognitivo».

[70] Este art. 24.2 del CP publicado en el BOE a día de 13/04/2022, reserva la condición de autoridad o funcionario público «todo el que por disposición

3/2014, de 21 de enero, que plantea evidencia la trama razonada de un atentado contra la autoridad y los elementos que considera el Alto Tribunal propios de este tipo: «1) El carácter de autoridad o de funcionario público del sujeto pasivo. 2) Que se halle éste en el ejercicio de su cargo o con ocasión de ellas. 3) Conocimiento por parte del agresor de la cualidad y actividad del sujeto pasivo. 4) Dolo de ofender, denigrar o desconocer el principio de autoridad. 5) Concurrencia del acto típico, constituido por el acometimiento, empleo de fuerza o intimidación grave». A instancia de este listado de requisitos, las STS 626/2007, 5 de julio, y la reiterada STS 1010/2009, 27 de octubre, incide en el «acometimiento, empleo de fuerza, intimidación grave o resistencia activa» como consistencia y base de la conducta típica. También otras sentencias son jurisprudencia reiterada por el Alto Tribunal[71]. En razón de lo fundado, destacaremos también el valor de tipo de delito en cuanto a si son de actividad o de resultado. La STS 672/2007, 19 de julio conjuntamente con la STS 309/2003, 15 de marzo, califican el «atentado como delito de pura actividad de forma que, aunque no se llegue a golpear o agredir» es constitutivo del tipo con el mero «acometimiento». Sin olvidar el ánimo pertinencia de menoscabar u ofender al funcionario o autoridad competente con daño directo en el tipo[72]. Según la STS 180/2013, de 1 de marzo: «El que sabe que intimida o acomete a una persona que ejerce como autoridad tiene, por lo tanto, el propósito de atentar contra la misma». En este caso del Quijote vemos como la doctrina del Alto Tribunal se cumple en la esencia primordial de cada una de las resoluciones practicadas.

Recorriendo el último apartado del esquema básico del tipo global de injusto tenemos los **elementos subjetivos**. Si bien es veraz que en ambos episodios vislumbramos los dos elementos imprescindibles del dolo: elemento volitivo (voluntad) y elemento intelectivo (conocimiento). En ambos episodios existe, por parte del ingenioso hidalgo una clara intencionalidad. Por un lado, en el caso de los molinos, podemos calificarlo como un delito de daños intencionales, pues existe un claro objetivo malicioso del Quijote de

---

inmediata de la Ley o por elección o por nombramiento de autoridad competente participe en el ejercicio de funciones públicas».

[71] Lo es, por ejemplo, la STS 1010/2009, 27 de octubre, que recoge un delito de atentado contra dos agentes de la autoridad: un policía local y un guardia civil.

[72] Esto lo recoge la STS 2012/2004, 8 de octubre.

ir contra esos molinos dispuesto a derribarlos hasta los cimientos. Traducido al lenguaje jurídico, el sujeto activo desea y actúa consciente de su propia voluntad e intención con un *animus damnandi o nocendi*[73]. La acción causada provoca daños que realiza mediante su lanza. Sin embargo, he aquí la trampa en cuestión. Él no ve molinos, él ve gigantes. En este punto veremos su responsabilidad penal en el apartado de eximentes. En el caso de los galeotes debemos partir de la más que evidente actuación de los sujetos de la acción penal en su insensata búsqueda de ser cruel con los policías, todos eran conscientes de la identificación de funcionario público contra los que cargaban y a los que se enfrentaban. Su ánimo era ofender, agredir y menoscabar la integridad física y moral de las fuerzas de seguridad. El conocimiento de tal significación antijurídica del hecho constitutivo como delito y la consecuencia que da el resultado son componentes que resuelven sobre el dolo comprendido en este proceso. La policía, por este arte, se convierte en víctima de los prisioneros, que parten hacia galeras por sus encuentros con la justicia.

Si bien analizamos su esquema básico el tipo global de injusto anterior, hay motivos de consideraciones jurídicas para desarrollar el **inter criminis** como parte indispensable de la evaluación de la responsabilidad penal reprochada al ingenioso hidalgo. Son pruebas congruentes las que afirman la efectiva ejecución, y con ella la manifestación o fase externa del hecho dañoso, rebosando la fase o manifestación interna, contra los molinos en el caso primero, con la simple planificación del alzamiento de vista por parte del hidalgo que, al ver aquellas monstruosas construcciones, dio por hecho, en un irracional sentido, que se trataba de infames gigantes. El hidalgo de la escuálida figura arremete contra los mismos, realiza todos y cada uno de los actos ejecutivos de la acción, sin presentar opción de tentativa o desistimiento, aún habiendo tenido posibilidad de detener la acción con un desistimiento activo o pasivo.

Respecto al segundo de los acontecimientos, la jurisprudencia es amplia y clara a tal respecto. Los tribunales en

---

[73] Expresión latina cuyo significado se traduce como «ánimo de dañar».

este sentido no presentan ninguna clase de dilema y expresan en los siguientes puntos sus resoluciones, sentenciando que, aún no consumándose la acción agresiva de forma material contra el sujeto pasivo, cosa que en este caso no se da ya que la agresión se ejecuta con saña y osadía, entiende que en cualquiera de los dos casos se considera perfeccionado y por tanto ejecutado el delito[74]. Los actos preparatorios en tal escenario se basan en la provocación e instigación, lo que nos hace virar de pasada hacia el art. 553 del CP[75]. No cabe, por tanto, en ninguno de los casos presentados en los hechos, tentativa ni desistimiento en el plan general del *inter criminis*.

En materia de **autoría y participación**, hay que tener presentes las reglas penológicas de los arts. 28 y 29 del cuerpo penal articulado[76]. Es este caso muy particular, y por ello que debemos recoger en nuestro haber no solo el concepto de autoría en sentido estrecho, sino también en sentido amplio para el diferenciado estudio del personaje de Sancho Panza.

En el caso del Quijote y los galeotes, todos ellos son coautores, pues existe esa aportación esencial a la orquesta criminal. El otro de los requisitos legales exigidos es el mutuo y expreso acuerdo. Aquí, sin embargo, no existe tal acuerdo expreso, pero sí un plan tácito. Existe una predisposición criminal en los galeotes, quienes —exaltados por la liberación del Quijote— cargan contra los policías en favor del hidalgo.

---

[74] Importantes son a este respecto las siguientes sentencias: STS de 11 de octubre de 1984, STS de 30 de abril de 1987, STS de 16 de noviembre de 1987, entre otras. Pero, si hay una que se presenta más pareja con el caso de los galeotes es la STS de 15 de julio de 1988, donde existe la presencia de iniciación del ataque agresivo contra la autoridad.

[75] El art. 553 de la Ley Orgánica 10/1995, de 23 de noviembre, del *Código Penal Español* dice así: «La provocación, la conspiración y la proposición para cualquiera de los delitos previstos en los artículos anteriores, será castigada con la pena inferior en uno o dos grados a la del delito correspondiente». Publicada en el BOE a día de 13 de abril de 2022.

[76] Arts. 28 y 29 de la Ley Orgánica 10/1995, de 23 de noviembre, del *Código Penal Español*. Publicada en el BOE a día de 13 de abril de 2022.

Es digna de estudio la denotación de la figura de Sancho Panza en los dos escenarios propuestos, pues, presentando siempre ese lado cuerdo, su postulación penal difiere. Cabe reseñar aquí el personaje de Sancho Panza por un delito de coautor en el segundo de los hechos. En cuanto al primero, relativo al de los molinos, ¿existe posibilidad de colocarle la posición de garante por un delito de comisión por omisión? No parece, pues esta clase solo se da en los supuestos de protección de la vida de las personas mientras que en los delitos de daños en la propiedad no existe ningún sujeto que obre en posición de garantía[77]. Si esos molinos fuesen realmente personas vivientes, el argumento de tal estudio resultaría completamente distinto al existir un elemento de garantía. En el primero de los casos Sancho Panza aparenta obrar como cuerdo y coherente, por eso le grita a viva voz a su amo que cargue contra esas estructuras, que lejos de ser gigantes son molinos. Sin embargo, la omisión de Sancho para impedir tal hecho delictivo le convierte en tolerante del delito que se genera. Discurriendo sobre la hipótesis presentada, existe una participación y no una comisión por omisión, porque, aun no realizando la práctica criminal, es consciente de que la misma se va a llevar a cabo con su tácito consentimiento, aún teniendo la obligación de intervenir para detener a su amo, él le deja hacer al Quijote su voluntad criminal. Es aquí cuestión de discusión la figura del partícipe[78], a través de lo denominado por la doctrina jurisprudencial como «*pactum scaeleris*»[79]. Basta ahora precisar en términos concretos los hechos

---

[77] La STS 459/2018, de 10 de octubre, es fuente de referencia en tanto en cuanto presenta la figura de la comisión por omisión en un caso de deber de cuidado y el análisis de la debida posición de garante, no siendo en este caso procedente de aplicación por el tipo específico. En el delito contra la propiedad nadie tiene la posición de garante y por tanto, tal afirmación de darse en este tipo no es razonada.

[78] Para un mayor análisis, véase la tesis doctoral de Amparo Lozano Maneiro, titulada *La autoría y la participación en el delito*, dirigida por Luis Rodríguez Ramos en la Facultad de derecho de la Universidad Complutense en Madrid, 1998. Pág. 483. También es relevante el estudio realizado por Manuel Cubertorer Sancho sobre *Autoría y participación. Notas jurisprudenciales sobre la distinción entre cooperación necesaria y complicidad*, para el máster universitario en abogacía en la Universitat Jaume I en 2020, dirigido por Juan José Periago Morant, en Barcelona.

[79] Expresión latina que significa «pacto para delinquir». Es un concepto utilizado en diversas ocasiones por el Alto Tribunal como en la STS de 1460/2004, de 9 de diciembre, referido a un caso doloso de homicidio en el que concurre la figura estudiada de la participación.

que constituyen la base de la participación que, bajo nuestro juicio, está llamada a fundarse. Partimos del saber unitario de autor reflejado en el art. 28 del CP, en el que restringe la autoría a tres únicas figuras: Autor individual, coautor y autor mediato[80]. Dicha concepción no es suficiente para nuestro caso. La razón se funda en que es menester la pertinente lectura de la segunda parte del mismo art. referido y el siguiente art. 29 del CP, en los que hallamos la figura del partícipe, dando un aspecto más amplio al concepto inicial de autor[81]. En palabras de Von Liszt: «No se pena el hecho sino al autor»[82]. Cabe la distinción entre inducción, cooperador necesario y complicidad, como subtipos de la participación[83]. Es singular la participación de Sancho Panza en el segundo de los escenarios, coadyuvante del delito pertrechado con mayor perseverancia por Quijote y los prisioneros. Consideramos en este caso la participación de Sancho en la estela del art. 28 del CP, es decir, bajo la figura de la coautoría, pues su cooperación con el crimen es eficaz, ya que consigue la liberación de uno de los presos de nombre Ginés, quien luego desarma al comisario y lo encañona sin llegar a disparar, pero consiguiendo intimidarlo.

---

[80] Referente doctrinal a tal respecto es: Enrique Gimbernat Ordeig, *Autor y cómplice en Derecho Penal*, Madrid, 2006. Mientras que la referencia más divulgada en la doctrina jurisprudencial es la STS 134/2017, de 2 de marzo, en la que resalta la diferenciación entre la autoría individual y la coautoría, seguida de las STS 338/2017, de 11 de mayo; la STS 830/2015, de 22 de diciembre, que se centran en la autoría en sentido estricto con relación a la coautoría.

[81] En tal concepto amplio de autoría, destacan los siguientes autores doctrinales: Enrique Peñaranda Ramos, *La participación en el delito y el principio de accesoriedad*, Madrid, 1990; Jacobo López Barja de Quiroga, *Autoría y participación*, Madrid, 1996.

[82] Son sujetos que participan, como en el caso de Sancho Panza, en el delito que va a cometer otro, aportándole algo al autor de suficiente relevancia como para tenerlo en cuenta a la hora de calificar la responsabilidad penal.

[83] Opinión mayoritariamente aunada por la doctrina jurisprudencial del Alto Tribunal es la relacionada con estos conceptos para su aplicación en los muy diversos casos: En la inducción, destaca la STS 949/2016, de 15 de diciembre, que además recoge los dos elementos principales para darse tal figura: «A. Nacimiento de la resolución delictiva en el sujeto inducido. B. La persona incitada acepte y lleve a cabo la acción delictiva». El fundamento del cooperador necesario reposa sobre la STS 415/2016, de 17 de mayo, que razona sobre el dominio de hecho y las «aportaciones necesarias para el resultado».

Pretendiendo analizar la **culpabilidad** de los acusados por el reproche culposo de sus acciones, el Tribunal deberá tener en cuenta y no rescindir lo probado por muy gratuitamente imaginarios o absurdos que puedan llegar a parecernos, de cara a la asignación de una pena acorde y proporcional al daño ocasionado. Rodríguez Devesa y Serrano Gómez en su obra[84] por un lado, y Feijoo Sánchez por el suyo[85], dedican un apartado a la cuestión de la culpabilidad en los delitos de daños reivindicando la influencia de la literatura italiana y de nuestra propia jurisprudencia. En él afirman que este tipo de delitos son eminentemente dolosos, lo que, en este caso particular, es una afirmación veraz[86].

Delimitar la frontera entre lo lícito y lo ilícito no es tarea sencilla, mucho menos si, por desventura de las circunstancias presentadas en los hechos, se confunde lo real con lo irreal. A lo copioso de las razones derivadas de la imputabilidad, sin faltar a la precisión del caso, corresponde analizar la evidente existencia de una **eximente o atenuante** directamente ligada a don Quijote. Víctima de una locura exacerbada por el exceso de afición a las novelas de caballerías, derivó en un posible caso patológico susceptible de ser considerado causa eximente, de las que hoy día recoge nuestro *Código Penal* vigente. Dadas las acciones del hidalgo, y desde un punto de vista clínico y psicológico, sin consultar ninguna fuente experta, podemos suponer que Alonso Quijano, el Quijote, no presentaba un buen estado de salud mental[87].

---

[84] Se hace especial referencia a la obra de Rodríguez Devesa & Serrano Gómez, *Derecho Penal Español Parte Especial*, publicada en 1993 por la editorial Dykinson.

[85] Bernardo José Feijoo Sánchez es autor del manual *derecho Penal de la culpabilidad y neurociencias*, publicado por Civitas Ediciones S.L. en la edición de 2012.

[86] La agresión de los policías como respuesta a los ataques por parte del Quijote y de los prisioneros supone una clara eximente de la legítima defensa. A dichos funcionarios públicos se les presenta siempre en una posición de defensa frente a los varapalos que reciben, nunca abusan en exceso de su fuerza y de su posición superior. Los actores se aprovechan de esa situación para tomar las tornas y espantar a los policías. Con lo cual, en este caso, no considero desde ningún punto comprensible de interpretación posibilidad de juzgar el comportamiento de los policías como instigadores, sino como víctimas.

[87] Esos molinos de viento que confundió con ilusorios y ficticios gigantes con el claro y meridiano ejemplo de una persona que no se encuentra en óptimos rangos de lo que un especialista en la psique consideraría un no estable mentalmente.

De hecho, podemos mencionar el testimonio del distinguido Antonio Hernández Morejón, quien, en su trabajo «*Bellezas de medicina práctica descubiertas en el Ingenioso Hidalgo Don Quijote de La Mancha*»[88], editado en 1836, recopila una deleitosa lectura e imperecedera enseñanza de la historia clínica de don Quijote[89]. Su estado de ánimo y salud mental es también perceptible por los diferentes personajes de la novela, que reseñan la enfermedad del hidalgo en diversos puntos de la obra. En esta misma línea de argumentación, es de sobrada, sensata y recta obligación dejar constancia de tal afirmación en palabras del ventero en cuya posada el hidalgo se arma caballero. Lo expresa de viva voz: «[…] porque ya les había dicho como era loco, y que por loco se libraría, aunque los matase a todos[90]».

Figura 2. Deficiencias en la salud mental de don Quijote de La Mancha. Creación propia.

---

[88] Hernández Morejón, A. (2005). *Bellezas de medicina práctica descubiertas en El ingenioso caballero don Quijote de la Mancha*. Panace. Vol. VI, n. o 21-22. Septiembre-diciembre, p. 5.

[89] El primer gran estudioso de la enfermedad y de tachar de "loco" al Quijote fue el ilustrísimo Philippe Pinel, artífice de la psiquiatría científica, y quién, bajo su fundado y conspicuo punto de vista clínico, consideró a nuestro Alonso Quijano, don Quijote, bajo el paradigma del loco. Sánchez-Moreno, I. (2019). *Miguel de Cervantes, precursor de Pinel*. Revista de la Asociación Española de Neuropsiquiatría, vol. 39, núm. 135, pp. 288-291.

[90] Riquer, M. d. (1994). *Historia de la literatura: Don Quijote de la Mancha de Miguel de Cervantes*. Barcelona: RBA Editores. Acto que se produce después de ser testigo de la arremetida a traición que el Quijote emprende contra un inocente e indefenso arriero que se acercó al pozo donde el neófito caballero de triste figura había colocado la noche anterior sus pertenencias.

La suma del conjunto de las deficientes anteriormente expuestas en la FIGURA 2 y presentadas en la persona de don Quijote son las detonantes de sus comportamientos erráticos y radicales —con signos burlescos por parte del narrador— y propios de un sujeto sin un sentido claro de la vida que lo rodea, aún sabiendo distinguir lo prohibido de lo que no, él actúa bajo su propia visión perfeccionista y utópica de la vida. En conclusión, en el primer episodio, el de los molinos, don Quijote merece una eximente total porque en realidad no poseía la intención de dañar molinos, sino gigantes. En cuanto al segundo de los episodios consideramos apropiado otorgarle un atenuante, pero en ningún caso una eximente porque él, locuaz y con conocimiento de que estaba agrediendo a agentes del orden y liberando a presos, no merece quedar absuelto de toda pena[91]. Por lo tanto, puedo afirmar a la luz de lo expuesto y sostenido, sin temor de ser contradicho por otra opinión más perita en el asunto, que Quijote es sufridor de alteraciones psíquicas relacionadas con la personalidad y la percepción de la realidad, dos eximentes recopiladas en nuestro texto legal penal, concurrencia sobre la que prima la más grave o la que se adecue más al estado mental del sujeto que en el primer momento es la alteración en la percepción de la realidad que damos por resuelta, y en el segundo momento es un trastorno mental lo suficientemente controlable como para comprender, desde cierto punto razonable la ilicitud de sus actos.

Como no nos proponemos otra cosa que exhibir algunas muestras de las resoluciones actuales y notorias en relación al caso planteado, consideramos suficientemente desempeñada esta tarea, y aportamos, a fin de añadir mayor profundidad al presente trabajo, la siguiente **jurisprudencia** relacionada con el asunto. Así, trae a colación la SAP 1264/2017, de 19 de diciembre, Sección Segunda de la Audiencia Provincial de Jaén[92]. El tema debatido se entalla en

---

[91] Es irracional el sentimiento incontrolable de don Quijote que con tal de hacer lo que él considera una "buena obra", causa daño y un delito de atentado contra la autoridad.

[92] Me remito a la SAP Jaén, a 19 de diciembre 2017 – ROJ: SAP J 1264/2017 con razón del restante listado de fundamentos de hecho y de derecho que de haber sido de máximo interés se hubieran indicado pero que, dada la longitud de la tesis

perfecta armonía con nuestro caso al tratarse de un sujeto activo que agrede mediante un violento empujón a un agente policial, tirándolo al suelo. Este hecho excede en muy grave penitencia el artículo 556 de desobediencia y constituyendo un claro ejemplo de atentado previsto en el artículo 550 del cuerpo penal articulado. Es de interés también la STS Recurso de Casación núm. 1707/1997, 28 de febrero, Tribunal Supremo Sala de lo Penal[93]. La resolución del Tribunal pone de manifiesto el empleo de la fuerza contra la autoridad policial indicando que, para soslayar la problemática que se le planteaba, la tenencia de objetos peligrosos o utilización de medios peligrosos que se dirija en contra de un agente de la autoridad queda bajo las consecuencias subsumibles del tipo agravado del delito de atentado que establece el cuerpo penal normativo vigente. En este caso se utilizan objetos inflamables lanzándolos contra los agentes, un aspecto fácilmente transponible al caso de los galeotes que les lanzan piedras y otros objetivos hirientes con fines destructivos a los agentes de la autoridad.

En este punto debemos volver a hacer mención a nuestro catedrático en derecho penal Landrove Díaz[94], para la **calificación de la pena** correspondiente a los sujetos de los actos calificados de ilícitos y el **concurso de delitos** de los mismos.

Es preciso recalcar que el delito de daño es las cosas es un delito cuyo resultado radica en el deterioro de unos bienes ajenos que, según el tipo general[95], se penan con una multa de seis a veinticuatro meses, multiplicando cada día de ese plazo por una cantidad estimada que debe ser fijada entre dos a cuatrocientos

---

es imposible de abarcar.

[93] Me remito a la STS Recurso de Casación núm. 1707/1997, 28 de febrero Tribunal Supremo Sala de lo Penal para los demás fundamentos que en ella se recogen, pero que son omisibles para tal respecto.

[94] Landrove Díaz, G. (2005). *Las consecuencias jurídicas del delito*. Madrid: Editorial Tecnos. p. 184.

[95] Art. 50.4 de la Ley Orgánica 10/1995, de 23 de noviembre, del *Código Penal Español*, que cuantifica la «cuota diría» en un «mínimo de dos y un máximo de 400 euros».

euros, según lo estime oportuno el Tribunal. Aquí no cabe establecer una pena superior que, según el cuerpo legal[96], establece un tipo agravante con una pena de uno a tres años y la multa indicada en la frase anterior que encabeza el párrafo, pues no llega a cumplir ningún requisito de los establecidos en el CP. Sin embargo, sí que cabe la aplicación de la eximente por locura establecida en el Art. 20 del CP[97], lo que exime del cumplimiento de cualquier pena.

En el caso de atentado contra la autoridad, que es un delito de actividad que no exige pues el resultado lesivo del sujeto pasivo, se pena de forma independiente. Ante tal fundamento, resolvemos que estamos ante un concurso real, así lo aborda la jurisprudencia[98]. Sin embargo, al presentarse una eximente en el primero de los delitos, don Quijote queda liberado de la responsabilidad criminal. En el segundo de los casos, por el contrario, no consideramos tal eximente, sino un mero atenuante.

En tal sentido, el Quijote queda absuelto de toda responsabilidad penal por su locura en el primero de los casos. La pena impuesta por los actos del segundo acontecimiento queda reducida por su locura en uno o dos grados inferiores. En tal caso, queda al amparo del juez dilucidar la pena correspondiente según las normas penológicas reguladas en el cuerpo penal, teniendo en cuenta la poca razón volitiva e intelectiva del hidalgo al liberar a los presos justamente castigados pese a él entender que se trata de gente privada injustamente de libertad. Dicha locura se exacerba al preguntar a los propios presos y estos cuentan en lenguaje criminal sus actos, despulpándose.

---

[96] Art. 263.2 de la Ley Orgánica 10/1995, de 23 de noviembre, del *Código Penal Español*, señala los requisitos para la imposición de una pena superior. Entre otros destaca: Impedir el ejercicio de la autoridad, causar contagio o infección de ganado, afectar a bienes públicos, entre otros que no caben aquí aplicar. Publicada en el BOE a día de 13 de abril de 2022.

[97] Art. 20.1. de la Ley Orgánica 10/1995, de 23 de noviembre, del *Código Penal Español*, que hace referencia a las anomalías o alteraciones psíquicas. Publicada en el BOE a día de 13 de abril de 2022.

[98] Relevante es la STS 369/2003, de 15 de marzo de 2003.

Como **consideración final** del presente caso, la sentencia deberá fijar la cantidad reclamada a los acusados y resolver, estimando o desestimando las cuestiones de hecho presentadas acerca del acontecimiento del molino, incluyendo en la cuantía económica la designada según las reglas penológicas establecidas por el Tribunal Supremo para tales supuestos[99]. El delito de atentado queda probado por la jurisprudencia y doctrina aportada a lo largo del caso, ya que se pone de manifiesto la presencia de todos los requisitos exigidos por el Tribunal Supremo para tal resolución delictiva. El empleo de la fuerza, a mi juicio desmedida y exacerbada en exceso contra los agentes de la autoridad, la resistencia en grado de gravedad, así como la más que expresiva y acentuada intimidación que deben concurrir en los actores del hecho se cumplen con objetiva imparcialidad sobre los hechos.

En conclusión, este es un caso cervantino con una muy rica ficción criminal inspirada en hechos cuya verdad es documentada. Los dos acontecimientos han sido elegidos y presentados no por su mayor interés de acción penal, si no por su interés acerca de la cuestión palpitante de las eximentes y su implicación e interpretación en el ámbito penal. Contiene el primero de los acontecimientos un relato de hechos que posee una extremada importancia en el proceso con el Quijote, resolviendo y dando por probada la salud mental que presenta el hidalgo de débil, aunque valerosa figura. El segundo de los escenarios se ha de examinar con minuciosidad, resolviendo sobre las locuras que Alonso Quijano, el Quijote, es capaz de aventurarse a emprender.

---

[99] Los íntimos testimonios presentados a razón de la conciencia de don Quijote y el mérito mismo de sus propias actuaciones analizadas a la faz de la fundada razón y ley, califican claramente el más que evidente final del juicio, haciéndole tener por dudoso que ningún Tribunal, aún con todos los conocimientos y considerandos posibles, y como hechos probados, ciertos y veraces de todas las aventuradas, llegue a admitir la culpabilidad dolosa del hidalgo y su a veces diestro compañero. El genio que se convirtió en loco, dirían muchos; el loco que se convirtió en un ingenioso hidalgo, dirían otros; más todos dan veracidad de su cordura.

DON JUAN TENORIO A JUICIO

I. CONTEXTO HISTÓRICO-JURÍDICO

Por todos es conocido el drama romántico de José Zorrilla publicado en 1844, Don Juan Tenorio.

La historia, ambientada en un recreativo Sevilla del año 1545, narra la apuesta entre dos hombres. Por un lado, Don Juan Tenorio, nuestro particular protagonista; por el otro, Don Luis Mejía, rival de Don Juan. Ambos expertos en el arte amatorio. La apuesta era clara: los dos hombres se iban a reunir transcurrido un año para comparar cuál de ellos había logrado más conquistas amorosas y vencido en más duelos.

La dramaturgia es la propia del contexto histórico de la época. Una obra plagada de engaños hacia las mujeres. Es perversa la forma tan particular que tiene el autor para crear a este nuestro protagonista que, a pesar de cometer muy diversos delitos, es al final bendecido con su verdadero amor, Inés, miembro de la Iglesia católica. Se asemeja al *Fausto* de Goethe y su pacto de eterna juventud con el Diablo, a cambio de vender su alma que, concluye con la salvación final de su alma. Es en este tipo de obras en las que la justicia humana no es capaz de castigar los grotescos actos ilícitos y debe ser, pues, la justicia divina la que castigue a los infractores en la tierra. Sin embargo, en este estudio, analizaremos, desde un punto de vista actual, los delitos perpetrados por Don Juan Tenorio y comprobar así qué le podría haber supuesto a nuestro protagonista la realización de tales actos ajusticiados por ley.

El Burlador de Sevilla (siglo XVII) es analógica y jurídicamente similar a la obra analizada. Aunque ha sido tradicionalmente atribuida a Tirso de Molina, sabemos hoy que su autor es Claramonte, quien presenta el origen del mito de Don Juan, del que se valdrá Zorrilla para escribir su obra.

El objetivo de Don Juan es la búsqueda de su propia y miserable dicha. Dedica su tiempo a conquistas amorosas, a vencer la resistencia de mujeres que utiliza o de las que abusa, para luego desaparecer; también combate en duelos a muerte. Es un grandilocuente "chico malo" con ínfulas desgastadas de caballero, que presume ante todos de ser el mejor hombre, amante y espadachín. El progreso de nuestro personaje evoluciona a medida que la obra avanza en su inestimable y reflexivo final.

En este drama atemporal se exalta a viva voz lo que el contexto histórico define como el Romanticismo Español, del que su autor, José Zorrilla, puede presumir de estar a la altura, recogiendo en su brillante obra delitos tan particulares como los que a continuación estudiaremos y analizaremos con sofisticada atención y minuciosidad.

II. FUNDAMENTOS DE HECHO

Estos fundamentos de hecho, sacados de un ejemplar de Don Juan Tenorio del autor José Zorrilla y editado por Colección Averroes[100], se han basado en los propios testimonios que le realiza el propio Don Juan Tenorio en la hostelería al encontrarse reunido con su rival de fechorías, Don Luis Mejía. Por tanto, la prueba se ciñe a los testimonios y fragmentos siguientes en orden de aparición, que salvo estricta necesidad e importancia se limitan a Don Juan:

Los primeros indicios susceptibles de ser analizados para su posterior responsabilidad penal figuran en la Escena I en el Acto Primero.

«¡Cuán[101] gritan esos malditos!/ pero, ¡mal rayo me parta/ si en concluyendo la carta/ no pagan caros sus gritos!».

Posteriormente, en la Escena XII del Primer Acto. Don Diego, Don Gonzalo, Don Luis, Buttarelli, Centellas, Avellaneda, Caballeros, curiosos y enmascarados.

«Salí de Roma, por fin,/ como os podéis figurar:/ con un disfraz harto ruin,/ a lomos de un mal rocín,/ pues me querían ahorcar./ Fui al ejército de España;/ […] dejé pronto su campaña/ tras cinco o seis desafíos./ Nápoles, rico vergel/ […] no hay escándalo ni engaño/ en que no me hallara yo./ Por donde fui,/ la razón atropellé,/ la virtud escarnecí,/a la justicia burlé,/ y a las mujeres vendí. /[…] A quien provoqué, / con quien quiso me batí,/ y nunca consideré/ que pudo matarme a mí/ aquel a quien yo maté».

---

[100] *Edición de Don Juan Tenorio de José Zorrilla* publicado por Colección Averroes en colaboración con la Consejería de Educación y Ciencia de la Junta de Andalucía de 2022. p. 179.
[101] Corregimos la errata de la edición que manejamos. En lugar de referenciar «Cuán», figura «Cuál».

Tras unos comentarios por parte de Don Luis en los que advierte de sus aventuras con orgullo, Don Juan continúa, con aires de empoderamiento y grandeza, con la narración de sus "hazañas".

«Del mismo modo arregladas/ mis cuentas traigo en el mío:/ en dos líneas separadas,/ los muertos en desafío,/ y las mujeres burladas./ Contad./ […] Son los muertos. /[…] Aquí sumo treinta y dos./ Pasemos a las conquistas./ […] setenta y dos».

Ante la expectación de Don Luis, Don Juan sigue:

«Si lo dudáis, apuntados/ los testigos ahí están/ que si fueren preguntados/ os lo testificarán».

Sorprendente es la referencia que se hace en la Escena IV del Acto Segundo, cuando Don Juan es encarcelado y posteriormente puesto en libertad por el propio edil de la prisión, de quien dice Tenorio los siguiente:

«Ciutti, nadie como yo;/ ya viste cuán fácilmente/ el buen alcaide prudente/ se avino y suelta me dio. Mas no hay ya en ello que hablar:/ ¿mis encargos has cumplido?».

En el transcurso de la Escena IV del Acto Tercero. Doña Inés, Don Juan y Brígida. Es aquí cuando Don Juan Tenorio sorprende a Inés, allanando el convento y secuestrando a la novicia, quien se desmaya al ver y oír a Don Juan. Es en la Escena II del Acto Cuarto, Doña Inés despierta encontrándose en un lugar desconocido para ella. En la siguiente escena entra Don Juan para conseguir seducirla, aunque eso no resta importancia a la detención ilegal aprovechando su estado de inconsciencia.

Al tiempo de la conquista de la novicia Inés, Don Juan Tenorio, diestro seductor, se hace pasar por Don Luis para conseguir penetrar en la casa de doña Ana de Pantoja, actuación que posteriormente analizaremos para calibrar su responsabilidad criminal.

En la Escena X del Acto Cuarto transcurre la muerte de Don Luis Mejía a manos de Don Juan, con fría y dolosa voluntad:

«Tarde tu fe ciega/ acude al cielo, Mejía,/ y no fue por culpa mía;/ pero la justicia llega,/ y a la fe que ha de ver quien soy».

Después huye del lugar, arrojándose desde el balcón a un río.

III. FUNDAMENTOS DE DERECHO

4. Balanza de Justicia

Este es un caso extremadamente delicado y repleto de contenido delictivo en muchas figuras literarias, pero nos detendremos en el protagonista, Don Juan Tenorio. Debemos sacar las armas del ingenio y afilar la agilidad de las palabras para demostrar los actos ilícitos de Don Juan por los hechos recogidos. ¿Estos actos son considerados hechos típicos? El profesor José Luis Diez Ripolles[102] acude para la comprobación de tal convicción a los caracteres distintivos del **sujeto de la acción**, que son, a saber: humano, externo y voluntario. Dada la convergencia de todos estos requisitos, y sin que pueda caber, a nuestro juicio, fuerza irresistible, estado de inconsciencia o movimiento reflejo, que exima de responsabilidad al actor principal del hecho calificado y carente de acción ajena o fortuita al reo, debemos considerar que el reo, Don Juan Tenorio es sujeto de la acción típica.

En este caso concreto consideramos que nos encontramos ante una serie de delitos que posteriormente iremos concretando que

---

[102] Autor del libro *Derecho Penal Español. Parte General (5ª Edición)* 2020, publicado por la editorial Tirant lo Blanch, entre muchos otros libros y manuales de referencia.

debemos analizar a través de los elementos del **tipo global de injusto**, cuyos **bienes jurídicos protegidos** lesionados, carácter distintivo del delito en palabras de Javier Sánchez Sánchez[103], son principalmente la vida humana independiente en el caso de los treinta y cuatro casos de homicidio[104]; el normal funcionamiento de los servicios en el cohecho[105]; la libertad sexual en los casos de abusos sexuales, antes considerados atentados contra el pudor[106]; la libertad ambulatoria en la detención ilegal de doña Inés[107]; la identidad y el falseamiento de realidad de una persona en el delito cometido por suplantación de identidad o usurpación del estado civil[108]; seguridad personal y libertad en el término del allanamiento del convento[109]; y el cumplimiento de un deber de presencia en la deserción militar del ejército español[110].

---

[103] Javier Sánchez Sánchez es doctor en derecho y académico de la Real Academia de Jurisprudencia y Legislación. Autor de *Cuestiones de Teoría jurídica. Manual para un curso de teoría general del Derecho*, editado por Edisofer Editorial.

[104] Digna de mención es la STS 4943/2021 de 21 de diciembre - ROJ: STS 4943/2021, 2021, en la que se termina resolviendo sobre un caso de homicidio en la que no concurre alevosía, pero sí un agravante por abuso de autoridad, con referencias a la vida de la víctima como insigne elemento de protección. También igual de importante la STS 227/2014, de 19 de marzo, que señala el hecho de la «vida independiente» para considerarse homicidio.

[105] Véase la óptica y opinión de los tribunales en los casos de cohecho como la STS 243/2014, de 7 de marzo de 2014, que define el cohecho y las negociaciones prohibidas realizadas a funcionarios; la STS 698/2014, de 28 de octubre de 2014, que recoge el abandono de la causa criminal por parte del funcionario por razones corruptas; y la STS 302/2018, de 20 de junio de 2018, la cual resuelve sobre unos acusados que pretenden la alteración del procedimiento judicial para su beneficio mediante la prevaricación y cohecho activo de sus funcionarios.

[106] Téngase en cuenta la simetría con sentencias como la STS 132/2016, de 23 de febrero, que se manifiesta sobre un caso en el que el Alto Tribunal realiza una distinción notoria, distinguiendo entre la intimidación y el prevalimiento. Consideramos el abuso sexual por sentencias similares a la Sentencia Penal Nº 224/2021, Audiencia Provincial de Valladolid, Sección 2, Rec 21/2019 de 21 de octubre, que acusa a Eliseo de hasta ocho delitos de abusos sexuales.

[107] Tal y como indica la Sentencia Penal Nº 385/2018, Audiencia Provincial de Barcelona, Sección 5, Rec 10/2017 de 04 de junio, que analiza un caso en el que se admite el secuestro, pero no es estimable el delito de robo con violencia. Sentencia que, además, nos obliga a replantearnos la condición diferencial entre secuestro y detención ilegal. Únicamente concurre un delito de secuestro típico del art. 164 del Código Penal. Publicada en el BOE a día de 13 de abril de 2022.

[108] Sentencias que remarcan la importancia de la tutela de tales bienes jurídicos son la STS 635/2009, de 15 de junio; y la STS 331/2012, de 4 de mayo.

[109] Parte de la doctrina apuesta porque el bien jurídico en este tipo de delitos es la

De los hechos expuestos no cabe duda de que el **sujeto activo** es Don Juan Tenorio, que actúa del mismo modo como **sujeto de la acción** principal. Ante tal evidencia y por el posterior análisis en mayor enjundia del tipo objetivo, no hace falta demorarnos más aquí. Ese cúmulo de lesiones y descalificaciones recaen sobre una multitud de víctimas, que son los **sujetos pasivos**, que, en este caso, aunque no podemos disponer de un listado al completo de la totalidad de dichas personalidades, nos ceñimos a las sí mencionadas en los antecedentes de hecho, que son notablemente ilustrativas para la calificación posterior de la pena. Estos sujetos lesionados en sus bienes jurídicos protegidos son doña Inés, doña Ana de Pantoja, Don Luis Mejía y el Comendador de Ulloa, entre los más relevantes.

En el **objeto material**, el único sufridor del hecho típico distinto a los sujetos antes mencionados es el convento que Don Juan allana[111] con el claro objetivo de encontrarse con doña Inés.

Por otra parte, la **conducta típica** presenta ciertas precisiones que merece la pena destacar. El primero de los delitos presentados en el relato de los hechos es una presunta infracción por

---

seguridad personal, mientras que otro amplio sector doctrinal afirma que el bien a tutelar es y debe considerarse la libertad de la persona. La STS de 30 de noviembre de 2006 referencia la tutela constitucional de la inviolabilidad del domicilio ajeno y personal. Mientras que la Sentencia del Tribunal Supremo de 14 de enero de 1993 reconoce la existencia de un allanamiento en el momento de perturbar la privacidad domiciliaria de alguien contra su voluntad.

[110] La STS 6293/2006, 28 de septiembre, Sala Quinta, de lo Militar, refiere directamente al bien jurídico protegido a tutelar en este ámbito, haciendo una comparación análoga del delito de abandono de destino con el analizado aquí, es decir, con el delito de deserción.

[111] En este caso, Don Juan contradice los fundamentos de la STS de 14 de enero de 1993, que exalta la idea esencial del allanamiento en tanto en cuando un sujeto no puede penetrar en morada ajena sin el consentimiento expreso de su morador que en este caso se refiere en primera instancia a doña Inés y podríamos considerar también a la Madre Abadesa por ser la responsable de todo el recinto. Igualmente, reseñable es la STS de 5 de diciembre de 2005, que conviene a reivindicar el papel del consentimiento expreso o tácito por parte de la persona moradora hacia quien perturba su intimidad sin voluntad.

amenazas leves[112]. Después tenemos treinta y dos delitos de homicidio a los que debe sumarse la posterior muerte de Don Luis Mejía, a quien mata a sangre fría en nombre falso de «justicia», y el Comendador de Ulloa, hechos penados por el ordenamiento jurídico penal español[113]. La base doctrinal y jurisprudencial es amplia a tenor de los delitos de homicidios[114].

Igual de importantes son los delitos que comete Don Juan en favor de las conquistas amorosas de doña Inés y doña Ana, el delito de detención ilegal a doña Inés[115], la suplantación del estado civil de Don Luis, y el de allanamiento, tipificados en los arts. 163.2 con el atenuante de una pena inferior en grado por ponerla en libertad dentro de los tres días desde su detención; en el art. 401[116]; y en el art. 202.1 por tratarse de un allanamiento pacífico de morada sin mediar violencia o intimidación[117], del *Código Penal*

---

[112] Recogido en el art. 171.7. de la Ley Orgánica 10/1995, de 23 de noviembre, del *Código Penal Español*, que referencia las amenazas leves, como consideramos que es el caso citado. Publicada en el BOE a día de 13 de abril de 2022.

[113] El homicidio es tipificado en la Ley Orgánica 10/1995, de 23 de noviembre, del *Código Penal Español* en su artículo 138. Publicada en el BOE a día de 13 de abril de 2022.

[114] Los casos jurisprudenciales a destacar en este tipo de casos son: Sentencia Penal Nº 541/2021, Audiencia Provincial de Barcelona, Sección 6, Rec 22/2020 de 20 de julio; y la Sentencia Penal Nº 87/2020, Audiencia Provincial de Madrid, Tribunal Jurado, Rec 742/2019 de 12 de marzo. Ambas referenciando el valor del homicidio y sus elementos ya analizados. También relevante es el Auto Penal Nº 103/2019, Tribunal Supremo, Sala de lo Penal, Sección 1, Rec 10593/2018 de 10 de enero, que estima conveniente la unión de dos elementos para la existencia de homicidio en el que, el primero de ellos depende del segundo. En este caso, afirma el Alto Tribunal que: «no estaríamos ante un delito de homicidio intentado, sino, en su caso, ante un delito continuado de amenazas».

[115] Considerable es la jurisprudencia que contiene en la STS de 8 de octubre de 2007 los requisitos necesarios diligentes que distingue las detenciones ilegales de las coacciones o el secuestro. El delito de detención se consuma desde el momento en que se priva de libertad ambulatoria al sujeto pasivo que es quien sufre la lesión, como dictan las resoluciones siguientes: STS 307/2000 de 27 de febrero, 2000; STS 574/2000 de 31 de marzo; STS 14/2001 de 1 de enero; entre otras.

[116] El art. 401 del CP dice así: «El que usurpare el estado civil de otro será castigado con la pena de prisión de seis meses a tres años». Publicada en el BOE a día de 13 de abril de 2022.

[117] A resaltar es aquí la doctrina y jurisprudencia que enumera los requisitos necesarios para dar por veraz el delito de allanamiento. A saber: Entrar en morada ajena, contra la voluntad del morador, y permanecer en la misma. Estos criterios

respectivamente. Sin embargo, en este último punto cabe preguntarse: ¿el Convento tiene la equiparación de morada? Si lo trasladamos ahora a la interpretación jurídica doctrinal y jurisprudencial del concepto de morada, parece afirmarse tal cuestión con sólidos argumentos a su favor[118]. Las monjas viven en el interior del recinto y realizan gran parte de su intimidad en él. La jurisprudencia mencionada destaca que el bien jurídico en tal tipo es la intimidad como defienden algunos autores[119]. También importante es destacar la no aplicación del 203.1 del CP, por no tratarse al Convento como una persona pública o jurídica al no ser considerados empresa ni servir al interés público, esto se argumenta bajo las premisas subyacentes sobre el concepto de morada. Desde la perspectiva de la monja, persona física que convive en el Convento y que desarrolla parte de su intimidad.

---

los recogen conscientemente en las Sentencias del Tribunal Supremo de febrero de 1984, resolución de referencia, y otra más actual de 5 de diciembre de 2005.

[118] Tales conclusiones son resueltas por las STC 94/1999, 31 de mayo; por la STC 69/1999, 26 de abril; y por la STC 283/2000, 27 de noviembre, que resuelven sobre el concepto de morada en términos en los que identifican la morada como un «espacio apto para desarrollar vida privada», o un domicilio que «entraña una estrecha vinculación con su ámbito de intimidad». El concepto de morada es un término extensivo que al igual que se da en una habitación de hotel o de un hospital porque se considera que el sujeto que está enfermo mora y donde realiza parte de su intimidad en dicha habitación, se puede considerar lo propio a las celdas donde habitan las monjas es el Convento. La inviolabilidad del domicilio, además, es un concepto constitucionalmente protegido por la CE en su artículo 18.2.

En cuanto al allanamiento de morada, el Alto Tribunal también aporta, primero y, ante todo, una clara definición de lo que es una morada, en su STS 1108/1999, 6 de septiembre, afirmándose en tal resolución que: «El domicilio es el lugar cerrado, legítimamente ocupado, en el que transcurre la vida privada, individual o familiar, aunque la ocupación sea temporal o accidental». Reiterada es la STS 731/2013, de 7 de octubre, que recalca la diferenciación entre el concepto de morada en el ámbito administrativo y en el penal. Es la STS 587/2020, de 6 de noviembre, es la que sienta jurisprudencia firme estableciendo dentro del tipo a una morada aunque no se trate de la habitual, siempre que la misma se considere ocupada y en ella se desarrolle la privacidad del sujeto.

[119] Entre otros, el autor más destacable en este campo por la interpretación del delito de morada cuyo bien jurídico protegido es la intimidad es: ángel José Sanz Morán por su obra, *El allanamiento de morada, domicilio de personas jurídicas y establecimientos abiertos al público*, editado por Tirant lo Blanch en 2006.

Don Juan es incriminado también en treinta y dos delitos de abuso sexual. Cifra a la que se debe sumar la conquista de Ana Pantoja, prometida de Don Luis, y doña Inés, novicia. Es este, a mi juicio, el caso acerca del cual pueden, con mayor o menor razonamiento legal, surgir dudas, y, por lo mismo, requiere un examen detenido con alguna puntualización a tal respecto. Reseñable es la doctrina y jurisprudencia al respecto, deduciendo que estamos ante un abuso sexual y no agresión por la inexistencia de violencia o intimidación para la consumación de tales actos[120], tipo recogido en el art. 181.1 del *Código Penal*, por no perpetrar el hecho con violencia o intimidación[121].

De menor calado con los delitos de deserción del ejército español y de cohecho, tipificados en el art. 384 del Proceso Militar (disposición derogada, aunque digna de mención por su relevancia histórica y como valor probatorio de su existencia antigua, no quedando ajena al conocimiento de la época) y el art. 57 del *Código Penal Militar*[122], y en los arts. 419 (cohecho tipo general) y en el 424 (cohecho activo por el propio reo) del *Código Penal* Español. Destacar que el tipo de cohecho es activo, pues el bueno de Don Juan soborna al alcaide para conseguir salir de prisión, ya sea por su dinero o con su palabra.

---

[120] Véase para la comprensión de tal calificación las reiteradas sentencias del Alto Tribunal que son, a saber: la STS 1301/2006 y la STS 1207/2006, de 22 de noviembre. Ambas resoluciones refieren el hecho de valoración de las pruebas que a su juicio sean necesarias para la calificación de un abuso sexual válido y conforme a derecho.

[121] Es ajustable a derecho afinar el análisis agregando la falta de dignidad hacia la mujer al afirmar por parte de nuestro protagonista lo siguiente que le habla a Don Luis sobre sus conquistas, que para nada podemos incluir dentro del ámbito de lo propiamente "romántico": «Partid los días del año/ entre las que ahí encontráis./ Uno para enamorarlas,/ otro para conseguirlas,/ otro para abandonarlas —vale aquí la pena hacer un especial hincapié en el ánimo de aprovechamiento y dolo con posterior abandono—,/ dos para sustituirlas,/ y una hora para olvidarlas».

[122] Véase la Ley Orgánica 2/1989, de 13 de abril, Procesal Militar, a la que me remito y hago aquí una sutil referencia aunque sea una disposición derogada, merece la pena ser recordada como base. Publicada en el BOE a día 18 de abril de 1989. Además de la Ley Orgánica 14/2015, de 14 de octubre, del *Código Penal Militar*. Publicada en el BOE a día 15 octubre de 2015. Referencia 11070.

Todos estos delitos son subsumibles por el infractor de los actos al no intervenir con el principio de *non bis in ídem*. Para la aplicación de este principio se deben de dar, como bien afirma la doctrina[123] y jurisprudencia disponible[124], tres requisitos fundamentales cuando sea imputable tanto por vía penal como por cualquier otra vía jurídica simultáneamente, además de no haberle procesado ni condenado por ninguno de los delitos. A razón de lo expuesto, las directrices a considerar son la misma identidad de sujetos, el mismo objeto o hechos y que recaiga sobre un mismo fundamento. En este caso, el sujeto recae en todo momento y en cada uno de los delitos citados en la figura de Don Juan, sin embargo, el hecho y el fundamento difieren, por lo que consideramos que no se cumplen los requisitos necesarios para la aplicación de este principio en ningún caso, juzgándose únicamente por la vía penal.

Del contexto de los artículos sobre los que se encuentran los hechos delictivos citados, se deduce la esencia del **tipo objetivo**, consistente en el *animus necandi* o «voluntad de matar» en el caso de los homicidios, y el *animus auctoris*, es decir, que pese a tener a compañeros como Ciutti, el que realiza y ostenta el poder de dominio del hecho es Don Juan Tenorio, que, además, realiza las acciones con dolo e intencionalidad maliciosa.

Todo lo anteriormente mencionado es de verdadera evidencia, y, por lo mismo, para una mayor y completa lucidez del esquema del tipo global de injusto, es menester una ampliación con la enunciación del **resultado causal** y su vinculación directa con la **relación de causalidad**. Tales fundamentos vienen de la mano del Magistrado del Tribunal Supremo, Jacobo López Barja de Quiroga[125],

---

[123] Relevantes el artículo dedicado a este principio: El principio *non bis in ídem*. Algunas consideraciones dogmáticas (Sentencia del Tribunal de Justicia, Sala 6ª, de 22 de diciembre de 2008, As. C-491/07) de Cástor M. Díaz Barrado y María Belén Sánchez Domingo para las noticias de la Unión Europea.

[124] Véase que la siguiente jurisprudencia habla de este principio y su aplicación o no en según qué casos se consideren cumplidas sus exigencias: La Tribunal Supremo, Sala Cuarta, de lo Social, Sección Pleno, Sentencia 469/2020 de 18 junio, Rec. 2136/2017; también importante y relevante la Sentencia del Tribunal Constitucional 2/2003, de 16 de enero, al que un acusado por exceso de alcohol en la carretera y se le inculpó en la fase penal y en la sancionadora administrativa.

quien expone en primer lugar que bajo la fórmula de la supresión mental o *conditio sine qua non*, los actos de Don Juan reportan la ristra de resultados que ocasiona. A saber: multitud de homicidios, mayor número de abusos sexuales, una detención ilegal, una deserción, entre otros ya enumerados y citados previamente. Volvemos a poner a prueba las acciones como causa de los resultados a con la fórmula de Engisch, que difiere de la anterior por el uso de los conocimientos naturales y científicos para una mayor exactitud, comprobando de igual modo y sin variar en la resolución obtenida con el método de la supresión mental.

Por consiguiente, al estudio anterior, resta todavía un punto a tratar y presentar antes de concluir esta primera parte de la responsabilidad penal, y es la aportación como causa del resultado a través de la **imputación objetiva**[126]. Los requisitos que se han de dar para conceder valor legal y doctrinal a estas consideraciones son los que suceden a continuación en la redacción. No entran en el análisis de la imputación objetiva los delitos de abusos sexuales por ser considerados de mera actividad y no de resultado, pues no es

---

[125] Ilustre magistrado del Tribunal Supremo, López Barja de Quiroga, es autor de la obra *Derecho Penal II: Parte General. Introducción a la teoría del delito*, editada por Marcial Pons, Ediciones Jurídicas y Sociales.

[126] En primer lugar, no es forzoso dar valor extensivo a la hipótesis de una creación *ex ante* del riesgo objetivamente previsible que acontece las acciones bravas y egoístas de nuestro Don Juan. Sus actuaciones concurren bajo una forma dolosa que previsiblemente él, con toda convicción, da por probable y seguro que si propina una estocada sobre una persona le puede provocar la muerte, así como que si se lleva a una mujer en volandas sin su expreso consentimiento es una detención ilegal, aunque él lo pueda llegar a considerar algo "romántico". Bajo la perspectiva de un espectador con los conocimientos de Don Juan Tenorio, él es consciente en todo momento de sus actos, por lo que no es posible eximirle de nada.

Como consecuencia se deriva si es un caso eminentemente contrario al orden jurídico, requerimiento igualmente aprobado, pues desobedece los artículos del *Código Penal* citados en el tipo objetivo, e incluyo el art. 57 del *Código Penal Militar*.

En motivación de los anteriores acertadamente cumplidos, cabe analizar si son unos actos, todos ellos, consumados, o, por el contrario, hay alguno que se quede en grado de tentativa. Después de un vistazo a vuela pluma nuevamente de los fundamentos de hecho presentados, podemos llegar a la conclusión de que todos y cada uno de los delitos pertrechados son consumados, y, por tanto, tras el análisis de todos los requisitos, podemos dar con concluido que estos hechos sí se consideran causa directa de los actos ilícitos.

separable espacio temporal de la acción delictiva. La **acción típica** de los abusos sexuales del art. 181 del CP posee una relevancia especial para la doctrina jurisprudencial[127]. Es un atentado contra la integridad e indemnidad sexual de una persona sin acometer dicho acto con intimidación o violencia, elementos esenciales de la agresión sexual, dos tipos diferentes.

La escritura de nuestro dramaturgo José Zorrilla, que activa en Don Juan un comportamiento bravucón y desmesurado que lo delata, revela el propósito del **elemento subjetivo**, que resulta ser en este caso el dolo directo o de primer grado, como consecuencia de su sabida y fanfarrona actitud de perseguir ya no solo de la forma en que lo hace, sino que conoce y ansía el resultado en su afán incansable por alcanzarlo. Existe consentimiento y dolo por parte del infractor de acometer dichos actos, por lo que, dándose el conocimiento (elemento intelectivo) y el elemento voluntad (voluntad), nos situamos por todo lo expuesto en un dolo directo o de primer grado[128]. Es intencional y pernicioso el ánimo de acometimiento del infractor criminal, siendo consciente en todo instante del deber jurídico a cumplir, pero con obstinación se decanta por la perversa ilicitud de sus comportamientos, existiendo una ausencia total por parte del acusado de remordimientos o cualquier atisbo de arrepentimiento.

Hemos de indicar aquí, después de todo lo expuesto, otra cosa que de ninguna manera queremos ni podemos dejar pasar por alto, y es la cuestión del *inter criminis*, reservado a las fases del proceso criminal. Claras son aquí las evidencias deductivas para considerar que Don Juan Tenorio no deja acto por ejecutar ni del

---

[127] La STS 231/2015, de 22 de abril, vincula el tipo del abuso sexual a tres elementos esenciales presentes siempre: El contacto corporal, el ánimo libidinoso, y la imposición «a personas incapaces de determinarse libremente en el ámbito sexual». La STS 35/2009, de 5 de enero, realiza una ajustada precisión sobre el último elemento esencial del tipo de abuso sexual, llegando a concluir que: «el desvalor de la acción estriba en la ausencia de un auténtico consentimiento que pueda considerarse, más allá de la pura aquiescencia formal o exterior, como verdadero y libre ejercico de la libertad personal dentro de la esfera de la autodeterminación sexual».

[128] Pues resulta evidente que Don Juan conoce y desea que se consume el resultado perseguido con sus actos delictivos.

que desistir, sin posibilidad de poner duda alguna sobre una tentativa condicionada a la realización de alguno de los actos delictivos contemplados en el caso. La manifestación externa es consumada en su totalidad desde todo tipo de ilícito perpetrado.

A favor de la demostración que brota del texto de José Zorrilla, no se ha suscitado ningún reparo a la hora del motivo más que evidente, a nuestro juicio, de la **autoría y participación** de los hechos delictivos puestos a disposición de esta causa. Preceptiva es la aplicación del art. 28 y 29 del CP[129].

En el delito de allanamiento del convento, como hecho evaluado individualmente, recibió la participación directa y necesaria de su fiel Ciutti, que le facilitó una llave del jardín del convento, convirtiéndose en partícipe con *animus socci*[130]. En el delito siguiente de detención ilegal a doña Inés, aunque el que acomete el delito es Don Juan Tenorio, su cómplice e instigadora del mal, como Lady MacBeth, recae en la figura de Brígida, la alcahueta que pretende la conquista de doña Inés por parte de nuestro actor protagonista.

Podemos afirmar, pues, como razonamiento lógico extraído de los motivos expuestos, la **culpabilidad, punibilidad, antijuridicidad y los agravantes**. En tales conceptos inciden los profesores Herminio Ramón y Horacio Roldán Barbero[131]. Deben ser estudiados desde la óptica doctrinal y bajo los modestos acompañamientos que dan los motivos que refutan las posteriores conclusiones. Resultan, a la luz del caso, fútil la evaluación de los tres primeros conceptos, vencidos al no considerarse ningún error de tipo en la conciencia de la antijuridicidad; ninguna causa de

---

[129] Relativos a la responsabilidad del autor y del partícipe en el delito respectivamente.

[130] Referencia latina a los animus del derecho Penal. En este caso, el *animus socci* se relaciona con la persona que ayuda o es partícipe del hecho delictivo sin llegar a llevar el dominio del hecho que lo lleva el sujeto activo principal considerado con *animus auctoris*.

[131] Ramón Padilla Alba & Roldán Barbero, son ambos profesores de la Universidad de Córdoba, y autores del *Manual de Derecho Penal: Parte General*, publicado por Ediciones Don Folio en 2010.

inimputabilidad; y ninguna circunstancia o excusa absolutoria en la punibilidad para una posible inexigibilidad conductual.

Emplazados hasta aquí son de menester las circunstancias agravantes[132]. El primero de los agravantes descritos es por la ejecución de un hecho mediante disfraz[133]. Luego, en el discurrir de su testimonio encontramos un segundo agravante: Ser reincidente[134], siempre y cuando haya sido condenado previamente por alguno de los delitos perpetrados en Roma, pues después se va a Nápoles a seguir delinquiendo. No hayamos manera de evadir estos agravantes, que incrementan las circunstancias criminales del autor con un incremento en el cúmulo final de su responsabilidad.

Oportuna resulta la jurisprudencia apreciable para explicar, como un medio de ponerles en contexto y prevenirles de lo que los tribunales consideran en casos análogamente similares al planteado teniendo en cuenta rasgos en común que, si bien no todos los encontramos genuinamente en una determinada sentencia, aunando la doctrina y **jurisprudencia relacionada** podemos llegar a una nítida conclusión. A tal respecto, impulsamos este apartado explayándonos en la STS 953/2016, Sala de lo Penal, Sección 1, Rec 986/2016 de 15 de diciembre de 2016. En dicha resolución se enumeran las razones fundadas y los motivos del recurso, indicando el grado de intimidación necesaria que sirve de linde entre el delito de agresión y el de abuso sexual. Unánimemente resolvió el Alto Tribunal que tal intimidación no debía ser «de tal grado que presente caracteres irresistibles, invencibles o de gravedad inusitada. Basta que sea suficiente y eficaz en la ocasión concreta para alcanzar el fin propuesto…». Como razón más de peso, la STS Rec 2487/1995, de 22 de mayo de 1996 define que en la

---

[132] Las circunstancias agravantes se encuentran recopiladas en el art. 22 de la Ley Orgánica 10/1995, de 23 de noviembre, del *Código Penal Español*. Publicada en el BOE a día de 13 de abril de 2022.

[133] Art. 22. 2ª de la Ley Orgánica 10/1995, de 23 de noviembre, del *Código Penal Español*: Ejecutar el hecho mediante disfraz, con abuso de superioridad… Publicada en el BOE a día de 13 de abril de 2022.

[134] Art. 22. 8ª de la Ley Orgánica 10/1995, de 23 de noviembre, del *Código Penal Español* al que me remito sin más pretensión de la ya señalada en el texto. Publicada en el BOE a día de 13 de abril de 2022.

intimidación se ha de valorar siempre por el Tribunal el sentimiento o la acción coactiva «psicológica ejercida sobre la víctima» para llegar a comprender la graduación de las proposiciones lascivas que, en el caso de discusión de Don Juan Tenorio, presenta. A tenor de lo recogido en dicha resolución, la STS 216/2019, Sala de lo penal, Sección 1, Rec 972/2018 de 24 de abril de 2019, indica que: «En el delito de abuso sexual el consentimiento se encuentra viciado... en el delito de agresión sexual, la libertad sexual de la víctima queda neutralizada a causa de la utilización o empleo de violencia o intimidación». Las aseveraciones de tal resolución nos dan la respuesta a la calificación del caso de Don Juan Tenorio. Él, con cortés ardid y palabrería consigue viciar el consentimiento y doblegar la voluntad de sus víctimas, sin tener que hacer uso de ninguna violencia o intimidación.

También son cuestión objetable sentencias actuales como son la STS, a 17 de febrero - ROJ: STS 677/2022; o la STS, a 27 de enero - ROJ: STS 148/2022, que abogan por el otro caso que con mayor enjundia se presenta en Don Juan: los homicidios. En ambos casos, la base jurídica está fundamentada bajo la concurrencia de delitos reales de homicidio, contra la seguridad vial, lesiones y robos con violencia. En nuestro caso también se da concurso con otros tipos delictivos, pero con la similitud del homicidio. En correspondencia con lo anterior, la STS 57/2004, de 22 de enero, ventila la cuestión del ánimo del delito de homicidio ya sea de tipo directo o eventual, teniéndose en cuenta las relaciones previas entre agresor y víctima, la intensidad de la acción emprendida en su contra, la proliferación de amenazas vertidas, y otras características de la secuencia delictiva.

Menor trascendencia presentan los delitos que restan, aunque no son tan mal menor social, y es por ello que merece la pena discernir lo que la doctrina jurisprudencial dicta para tales actos ilícitos. En relación al delito de amenazas leves, se presenta el anuncio consciente de un acto contra el orden público y la defensa de un sujeto que sufre tal desventura[135]. En el tipo de la detención

---

[135] A tales efectos, son claras al respecto de la conveniente calificación de «amenazas leves» las siguientes sentencias: STS 743/2000, de 28 de abril; y la

ilegal, nos hemos basado en la STS 28 de noviembre de 2012 para diferenciar el secuestro presentado con el delito de detención ilegal. Razón a considerar primordial es la condición de rescate que presenta el primero de los casos[136].

Es labor en su medida compleja, y por los motivos dichos, resolver sobre el **concurso de delitos** que presenta este caso. Es posible por la doctrina estudiada encuadrar este supuesto dentro de la hipótesis confirmada de un concurso real de delitos[137]. Ante la exposición de las cuestiones que se ventilan, conviene acudir en primer término al cuerpo legal establecido a partir del art. 76 del CP para los delitos de este tipo de concurrencia. La doctrina y jurisprudencia describen el concurso real como una pluralidad de hechos que derivan en una pluralidad de delitos cometidos por un autor ya actúe como autor individual o incluso partícipe[138]. Dicho queda en lo anterior el fundamento sobre el que nos basamos ahora y que, en tal concepto merece, formar, bajo nuestro punto de vista, la **calificación de la pena** correspondiente a tal supuesto planteado. Realizamos a continuación un listado en la FIGURA 3 de los delitos

---

STS 45/2005, de 21 de enero. Calificado antes dicho precepto como una falta leve, ahora la jurisprudencia lo incluye como un delito menos grave que la amenaza per se, pero con tal trascendencia que es considerada dentro del apartado dedicado a las amenazas.

[136] También acertadas son las sentencias siguientes para la diferenciación de la detención ilegal de otros tipos como la coacción o amenazas, además de establecer el tiempo de encierro entendible para la calificación de una detención ilegal: STS 164/2001 de 5 de marzo; STS 1424/2004 de 1 de diciembre; STS 601/2005 de 10 de mayo.

[137] Para tal reafirmación hemos procedido al estudio del manual escrito por Alfonso Ortega Matesanz, *Penalidad del concurso de delitos en el sistema jurídico-penal español: Estudio de las reglas limitativas de los artículos 76 y 77 CP*. Editorial Reus. Edición 2022.

[138] Ídem. Página 47. Reiterada es la referencia a la obra de Alfonso Ortega Matesanz. También la jurisprudencia es amplia en cuanto al concurso real de delitos, destacando sentencias como las que siguen: Sentencia Penal Nº 336/2021, Tribunal Supremo, Sala de lo Penal, Sección 1, Rec 10445/2020 de 22 de abril, en la que concurre un concurso real con diez delitos de detención ilegal, un delito de robo con violencia, y delito de lesiones. También relevante es el Auto Penal Juzgado de lo Penal - Alicante/Alacant, Sección 7, Rec 52/2018 de 04 de septiembre, que incluye las normas penológicas que narra la doctrina y jurisprudencia para la aplicación del supuesto de concurso real, afirmando que: «[…] cuando una pluralidad de acciones ocasiona una pluralidad de delitos…».

con las respectivas penas que estipula la institución legal correspondiente que en nuestro caso es el *Código Penal*:

Código Penal	Art. 138. Homicidios (10 a 15 años de prisión)
	Art. 163.2. Secuestro (4 a 6 años de prisión con el atenunate de pena inefrior en grado)
	Art. 171.7. Amenazas leves (multa de 1 a 3 meses)
	Art. 181. Abusos sexuales (1 a 3 años de prisión o multa de dieciocho a veinticuatro meses)
	Art. 202.1. Allanamiento (6 meses a 2 años de prisión)
	Art. 401. Suplantación de identidad (6 meses a 3 años de prisión)
	Art. 424. Cohecho (3 a 6 años de prisión y multa de doce a veinticuatro meses)
Código Penal Militar y	Art. 384. Deserción Ejército Militar (disposición derogada del Código Procesal Militar)
	Art. 57. Deserción del Código Penal Militar (5 a 15 años de prisión)

Figura 3. Esquema del conjunto de los delitos analizados en el concurso real. Creación propia.

A tales efectos debe el Tribunal hacerse oír. En su saber descansa la concreción de las preceptivas estimaciones que exponemos con el fundamento legal que lo estima adecuado. En el caso de los delitos por homicidios y abusos sexuales, que son los más numerosos, seguidos de las amenazas leves y el allanamiento, sin contar el resto de casos delictivos que merecen cierta connotación a parte, se encuentran todos penados por sus correspondientes preceptos penales, y es labor del Tribunal valorar la pena que le debe corresponder a Don Juan, acorde con las reglas penológicas del art. 76 del CP. El tipo de deserción militar se castigan con una pena de 1 a 4 años con una posible imposición a juicio del Tribunal de la retirada del estado profesional del desertor[139].

Se debe considerar el delito de allanamiento penado con un grado inferior, variando de ese modo la pena general de 4 a 6 años, aplicando dicha regla del art. 70 del CP, el resultado de la pena a

---

[139] Acorde con lo dispuesto en la Ley Orgánica 14/2015, de 14 de octubre, del Código Penal Militar. Publicada en el BOE a día 15 octubre de 2015. Referencia 11070.

valorar se encuentra en su límite mínimo por un lado 2 años; y su límite máximo de 3 años, 12 meses y 1 día. El resultado de dicha pena tras la aplicación de la reducción deriva en una pena de 2 a 3 años, 12 meses y 1 día.

Considerando el delito de usurpación del estado civil de Don Luis Mejía, la pena prevista es de seis meses a tres años[140].

En correspondencia con el art. 424 del CP, el delito de cohecho activo, la pena correspondiente a Don Juan es de análoga semejanza a la impuesta al funcionario corrupto, acarreándoles, según el art 419 del CP, la pena de tres a seis años de prisión y una multa de doce a veinticuatro meses.

Claros son los fundamentos de hecho para su posterior calificación de la responsabilidad penal, así como los preceptos, expresivos y perfectamente dispuestos a lo largo y ancho del caso a discutir. Como **consideración final**, esta ficción legal es una verdadera sonata criminal a rebosar de delitos, pues tal es su importancia a nivel literario como jurídico. La conclusión que se deriva es la necesaria atribución a Don Juan Tenorio de la imputación ofensiva de los delitos formulados contra los sujetos pasivos lesionados.

Don Juan Tenorio es al final condenado a sufrir las penurias de la soledad y a reflexionar sobre sus propios hechos maliciosos ejecutados, quedando como Shakespeare expresa en boca de Gertrudis: «No hables más Hamlet, que obligas a mis ojos a verme el alma»[141].

Las leyes y jurisprudencia presentada invocan una clara responsabilidad criminal al autor de tales hechos expuestos, además de mandar atenerse al sentido recto y uniforme de las palabras

---

[140] Pena prevista en el art. 401 de la Ley Orgánica 10/1995, de 23 de noviembre, del *Código Penal Español*. Publicada en el BOE a día de 13 de abril de 2022.
[141] Fragmento sacado del ejemplar de Shakespeare, *Hamlet*, editado por Biblioteca Virtual Universal.

empleadas por José Zorrilla, creador de tan interesante personaje literario. El fallo del Tribunal, que cabal y justo debe ser a la hora de proceder con su resolución contra Don Juan Tenorio, debe ajustarse a los fundamentos de hecho, cuyo tenor literal se ha transcrito para evitar vagas referencias, reflejando el espíritu de Don Juan en vista y razón de la integridad de sus propias palabras.

De tal manera queda expuesta la significación que ha tiene en nuestro derecho actual la obra del dramaturgo español José Zorrilla, *Don Juan Tenorio*, que es en la práctica, un ejemplo genuino sobre el que, con elevada y reiterada jurisprudencia y doctrina, hemos podido juzgar los supuestos delictivos presentados, que pugnan con el buen orden social permitido y establecido.

CONCLUSIONES

Vestimos la toga para orar sobre cuestiones literarias que no dejan indiferentes a ningún jurista por su interés en tal campo científico-académico y doctrinal. El cultivo y las artes del derecho a lo largo de la historia ha traído de cabeza a grandes escritores a imaginar y dar a conocer el frío e implacable mundo jurídico a través de las palabras de célebres intelectuales que sirven a la verdadera justicia, esbozando nociones sobre moral y derecho en sus historias con mayor o menor acerbidad. Dijo una vez Jean Giraudoux: «No hay mejor forma de ejercitar la imaginación que estudiar la ley, ningún poeta ha interpretado la naturaleza tan libremente como los abogados interpretan la verdad». Los delitos expuestos en esta tesis se representan, todos en su conjunto, en la FIGURA 4, a modo de resumen, en el apartado de ANEXOS 1.

Los atroces actos que se describen en el Cantar del Mío Cid rayan lo jurídicamente desorbitado, pero interesante de abordar. Concedamos hipotéticamente, por vía de los argumentos de los hechos presentados, que fuera un caso real ocurrido con actores y víctimas del panorama no ficticio. Ni aun en este caso podría dejarse no analizar el supuesto por la relevancia nacional del asunto. Importamos a este trabajo la obra épica del Mío Cid, aun haciendo caso omiso de todas las razones expuestas en relación con el propio héroe medieval, para demostrar la injusticia y la infame temeridad de la desventura ocasionada contra sus hijas. Las malas artes embestidas por los infantes de Carrión, cercioran la contradicción al orden público establecido tanto de la época como el actual.

En el segundo de los casos, la locura como eximente juega un papel trascendental en la responsabilidad penal de nuestro Don Quijote de La Mancha. Atestiguado queda al exponer el resultado de los fundamentos de hecho, más evidenciable en su burlesca lucha contra los molinos. Después del vodevil de las estructuras de viento que nos ofrece el ingenioso hidalgo, le sigue el episodio de los galeotes y su enfrentamiento a las fuerzas del orden, contra las que carga sin pudor ni arrepentimiento en su consciente saber de lo "correcto" de sus actos, pese a violar categóricamente el ordenamiento jurídico español. El verdadero interés de este personaje radica en el nivel de tolerancia a la salud mental que ha impregnado a la sociedad, que encuentra escollos a la hora de analizar el caso de un sujeto con problemas de veraz entendimiento a la ilicitud de sus acciones, pues la psique puede originar fantasiosos y perversos actos, y que desde un punto de vista objetivo no logra comprender al incapaz.

En el último de los casos la ilicitud de Don Juan Tenorio es una ristra de innumerables delitos que evidencian su falta de licitud y honestidad, obrando contra el imperio de la ley y toda energía del ordenamiento jurídico español. Hace siglos que la picaresca está arraigada a este país, artífice de obras como el *Lazarillo de Tormes*, curioso caso de interesante estudio jurídico como el que aquí exponemos. En el caso que nos ocupa, no existe personaje en la época más pícaro y embaucador que Don Juan Tenorio. Tan sólida es su fama que no resulta cuestión de discusión la importancia que también puede jugar en el ámbito jurídico, conquistando a juristas como el que redacta estas líneas. Por las consideraciones que quedan demostradas, resulta patente la ilicitud de sus actos moralmente reprochables por cuantos sufridores posee en su debe.

Por todo lo argumentado estimamos resueltos tres casos de mundialmente reconocida trascendencia literaria y ahora jurídica. Además de considerar resueltos todos los extremos de los tres casos presentados con ociosa meticulosidad.

La literatura tiene grandes e importantes líneas que desde el ámbito jurídico deberían de seguirse, aunque sea para un análisis desde un punto de vista más atractivo que el que acostumbramos, con personajes diferentes y ficticios, pero que no dejan de ser extensiones de sus creadores y con inspiración en personas que alguna vez han estado vivas y perduran aún en nuestra memoria. En relación a posibles líneas de estudio futuras, la simbiosis entre derecho y literatura parece beneficiar al desarrollo jurídico de jóvenes juristas o en transición de serlo, además de presentar a estudiosos más veteranos nuevos e interesantes casos de estudio hasta ahora no analizados en la profundidad y con la minuciosidad con la que se ha llevado a cabo en este trabajo. Si bien se han dejado cosas en el tintero, pues cada aspecto posee a su vez un campo de conocimiento que no conoce la medida, hemos centrado los esfuerzos en esbozar las pretensiones jurídicas de estos supuestos literarios con fundamentos doctrinales, jurisprudenciales y legales. Los actos constitutivos de los distintos escenarios presentados de la materia de estos enjuiciados, en los cuales se observan hechos que son sencillos a vuelapluma, son objeto de calificación jurídica en tanto en cuanto a su complejidad una vez los analizas con los servicios facultativos a nuestro alcance.

Después de cuanto dejamos aquí fundado, parece interesante seguir abordando más a menudo la convergencia entre literatura y derecho a través de creaciones literarias desde un punto de vista clínicamente jurídico. Tal es mi dictamen y deseo.

BIBLIOGRAFÍA

Muñoz Conde, F., & García Arán, M. (2019). *Derecho Penal Parte General 10ª edición 2019*. Valencia: Tirant Lo Blanch.

SAP Jaén, a 19 de diciembre de 2017 - ROJ: SAP J 1264/2017, 1264/2017 (Audiencia Provincial 19 de diciembre de 2017).

STS 1424/2004 de 1 de diciembre, 1424/2004 (Tribunal Supremo 01 de diciembre de 2004).

STS, a 17 de febrero de 2022 - ROJ: STS 677/2022, 677/2022 (Tribunal Supremo 17 de febrero de 2022).

Acosta, L. A. (2009). Violencia contra la mujer en el Cantar de Mío Cid y en el Nibelungenlied. *Revista de Filología Alemana ISSN: 1133-0406, vol. 17*, p. 29-51.

Acosta, L. A. (2009). Violencia contra la mujer en el Cantar de Mío Cid y en el Nibelungenlied. . *Revista de filología alemana, 17*, p. 29-51.

Aristóteles. (2020). La esperanza es el sueño de los despiertos. *Autismo Diario* .

AUTO de 22-10-1997, núm. 2065/1997, Recurso de Casación núm. 1114/1996, Tribunal Supremo, Sala de lo Penal, 2065/1997 (Tribunal Supremo, Sala de lo Penal 22 de octubre de 1997).

Auto Penal Juzgado de lo Penal - Alicante/Alacant, Sección 7, Rec 52/2018 de 04 de septiembre de 2019, 52/2018 (Juzgado de lo Penal 04 de septiembre de 2019).

Auto Penal Nº 103/2019, Tribunal Supremo, Sala de lo Penal, Sección 1, Rec 10593/2018 de 10 de enero de 2019, 103/2019 (Tribunal Supremo, Sala de lo Penal, Sección 1 10 de enero de 2019).

Berdugo Gómez de la Torre, I., Arroyo Zapatero, L., & Otros. (1999). *Lecciones de derecho penal: parte general 2ª Edición*. España: Praxis Editorial.

Bermúdez Aznar, A. (2005). Jueces y juicios en el Quijote cervantino. *Lección Inaugural Curso Académico 2005-2006 UNIVERSIDAD DE ALICANTE*, p. 18.

BOE. («BOE» núm. 311, de 29/12/1978.). *Constitución Española 1978*. España: BOE.

BOE (Boletín Oficial del Estado). (27 de septiembre de 2011). *BOE*. Obtenido de Constitución Española: https://www.boe.es/buscar/act.php?id=BOE-A-1978-31229&p=20110927&tn=1#a15

BOE (Boletín Oficial del Estado). (13 de abril de 2022). *Ley Orgánica 10/1995, de 23 de noviembre, del Código Penal.* Obtenido de BOE: https://www.boe.es/buscar/act.php?id=BOE-A-1995-25444&p=20220413&tn=2

BOE. (15 de octubre de 2015). *Ley Orgánica 14/2015, de 14 de octubre, del Código Penal Militar.* . Obtenido de BOE: https://www.boe.es/diario_boe/txt.php?id=BOE-A-2015-11070

BOE. (2015). *Ley Orgánica 2/1986, de 13 de marzo, de Fuerzas y Cuerpos de Seguridad.* España: Jefatura del Estado.

BOE. (02 de 07 de 2021). *Real Decreto de 14 de septiembre de 1882 por el que se aprueba la Ley de Enjuiciamiento Criminal.* . Obtenido de BOE: https://www.boe.es/buscar/act.php?id=BOE-A-1882-6036&p=20210702&tn=1#a100

Boletín Oficial del Estado. (2015). *Ley Orgánica 2/1989, de 13 de abril, Procesal Militar.* España: BOE.

Caminodelcid. (20 de Abril de 2022). *El Cantar de mío Cid.* Obtenido de Caminodelcid.org: https://www.caminodelcid.org/cid-historia-leyenda/cantar-mio-cid/

Caminodelcid. (20 de Abril de 2022). *La Afrenta de Corpes.* Obtenido de Caminodelcid.org: https://www.caminodelcid.org/servicios/la-afrenta-de-corpes-1169124/

Consejo General del Poder Judicial. (1992). Cuadernos de Derecho Judicial: La prueba en el proceso penal. En C. G. Judicial, *Cuadernos de Derecho Judicial: La prueba en el proceso penal* (págs. p. 25-30). Madrid: Consejo General del Poder Judicial.

Cubertorer Sancho, M. (2020). *Autoría y participación. Notas jurisprudenciales sobre la distinción entre cooperación necesaria y complicidad.* Barcelona: Universitat Jaume I.

de Quirós, J. A. (2001). Eugenio de Tapia: un análisis del Cantar de Mío Cid en 1838. . *Lemir: Revista de Literatura Española Medieval y del Renacimiento, (5), 4,* 1.

Diez Ripolles, J. L. (2020). *Derecho Penal Español: Parte General 5ª Edición. P. 950.* Valencia: Tirant lo Blanch.

Dykinson. (2009). El Quijote y el Derecho: las relaciones entre la disciplina jurídica y la obra literaria. *Dykinson. Revista*

Jurídica: Universidad Autónoma de Madrid: 20, II,
Permalink: http://digital.casalini.it/10.1400/212147, p. 20.
ECLI:ES:TS:2014:1114. STS 227/2014, de 19 de marzo, 227/2014
(Tribunal Supremo 19 de marzo de 2014).
Escudero, J. (2022). *Las otras vidas de don Quijote.* Madrid,
España: Sinequanon Ediciones B.
Feijoo Sánchez, B. J. (2012). *Derecho Penal de la culpabilidad y*
neurociencias. Pamplona (Navarra): Civitas Ediciones S.L.
Gimbernat Ordeig, E. (2006). *Autor y cómplice en Derecho penal.*
Madrid: Marcial Pons.
Hernández Morejón, A. (2005). Bellezas de medicina práctica
descubiertas en El ingenioso caballero don Quijote de la
Mancha. *Panace. Vol. VI, n. o 21-22. Septiembre-diciembre*,
p. 5.
Landecho Velasco, C. M. (1992). *Derecho Penal Español: Parte*
General (3ª Edición). Madrid: Librería ICAI (Universidad
Pontificia Comillas ICADE) Facultad de Derecho.
Landecho Velasco, C. M., & Molina Blázquez, C. (2020). *Derecho*
Penal Español: Parte General (7ª Edición). Madrid: Tecnos.
Landrove Díaz, G. (2005). *Las consecuencias jurídicas del delito.*
Madrid: Tecnos.
Lozano Maneiro, A. (1998). *La autoría y la participación en el*
delito. Madrid: Facultad de Derecho Universidad
Complutense. Departamento de Derecho Penal.
López Barja de Quiroga, J. (1996). *Autoría y participación.* Madrid:
Dialnet.
López Barja de Quiroga, J. (2002). *Derecho penal.II: Parte general.*
Introducción a la teoría jurídica del delito. Madrid: Marcial
Pons, Ediciones Jurídicas y Sociales.
M. Díaz Barrado, C., & Sánchez Domingo, M. B. (2008). El
principio "non bis in idem". Algunas consideraciones
dogmáticas (Sentencia del Tribunal de Justicia, Sala 6ª, de
22 de diciembre de 2008, As. C-491/07). *Noticias de la*
Unión Europea, ISSN 1133-8660, Nº 307, 2010 (Ejemplar
dedicado a: Patrimonio natural y biodiversidad), págs. 127-
138.
Muñoz Conde, F. (2021). *Derecho Penal Parte Especial.* Valencia:
Tirant Lo Blanch.
Ortega Matesanz, A. (2022). *Penalidad del concurso de delitos en*
el sistema jurídico-penal español: Estudio de las reglas
limitativas de los artículos 76 y 77 CP. Editorial Reus.

Peñaranda Ramos, E. (1990). *Laparticipación en el delito y el principio de accesoriedad.* Madrid: Tecnos.

RAE. (2022). *Diccionario de la Real Academia de la Lengua Española.* Madrid: RAE.

Ramón Padilla Alba, H., & Roldán Barbero, H. (2010). *Manual Derecho Penal: Parte General.* Córdoba: Ediciones Don Folio.

Riquer, M. d. (1994). *Historia de la Literatura: Don Quijote de la Mancha de Miguel de Cervantes.* Barcelona: RBA Editores.

Rodríguez Devesa, J. M., & Serrano Gómez, A. (1992). *Derecho Penal Español Parte General.* Madrid: Dykinson.

Rodríguez Devesa, J. M., & Serrano Gómez, A. (1993). *Derecho Penal Español Parte Especial.* Madrid: Dykinson.

Rodríguez Núñez, A. (2017). *Delitos (2ªEd.). La parte especial del Derecho Penal.* Madrid: Dykinson.

Roj: STS 1030/2007 - ES:TS:2007:8289, 1030/2007 (Tribunal Supremo 04 de diciembre de 2007).

Roj: STS 2613/2016 - ECLI:ES:TS:2016:2613, 2613/2016 (Tribunal Supremo. Sala de lo Penal 09 de junio de 2016).

Roj: STS 749/1990 - ECLI:ES:TS:1990:749, 749/1990 (Tribunal Supremo 31 de enero de 1990).

Roj: STS 8285/2012 - ECLI:ES:TS:2012:8285, 8285/2012 (Tribunal Supremo 04 de 12 de 2012).

Sánchez Sánchez, J. (2020). *Cuestiones de Teoría jurídica. Manual para un curso de teoría general del Derecho.* Madrid: Edisofer Editorial.

Sánchez-Moreno, I. (2019). Miguel de Cervantes, precursor de Pinel. *Revista de la Asociación Española de Neuropsiquiatría, vol. 39, núm. 135,* p. 288-291.

Salas Beteta. (2007). El inter criminis y los sujetos activos del delito. *Revista Internauta de Práctica Jurídica, núm. 19. Edición enero-junio.*

Salas Beteta, C. (2007). El inter criminis y los sujetos activos del delito. *Revista Internauta de Práctica Jurídica. Núm. 19 Enero-Junio 2007,* pág. 15.

Sanz Morán, Á. J. (2006). *El allanamiento de morada , domicilio de personas jurídicas y establecimientos abiertos al público.* Valencia: Tirant lo Blanch.

SAP Cáceres, Sección 2ª, 496/2014, de 27 de noviembre, 496/2014 (Audiencia Provincial 27 de noviembre de 2014).

Schopenhauer, A. (2004). El arte de tener razón expuesto en 38 estratagemas. *Edaf.*

Sentencia del Tribunal Constitucional 2/2003, de 16 de enero de 2003 , 2/2003 (Tribunal Constitucional 16 de enero de 2003).

Sentencia Penal Nº 1003/2018, Audiencia Provincial de Barcelona, Sección 22, Rec 309/2018 de 19 de diciembre de 2018, 1003/2018 (Audiencia Provincial de Barcelona 19 de diciembre de 2018).

Sentencia Penal Nº 224/2021, Audiencia Provincial de Valladolid, Sección 2, Rec 21/2019 de 21 de Octubre de 2021, 224/2021 (Audiencia Provincial de Valladolid 21 de octubre de 2021).

Sentencia Penal Nº 3/2021, Audiencia Provincial de Castellon, Tribunal Jurado, Rec 5/2020 de 11 de marzo de 2021, 3/2021 (Audiencia Provincial de Castellon, Tribunal Jurado 11 de marzo de 2021).

Sentencia Penal Nº 336/2021, Tribunal Supremo, Sala de lo Penal, Sección 1, Rec 10445/2020 de 22 de abril de 2021, 336/2021 (Tribunal Supremo 22 de abril de 2021).

Sentencia Penal Nº 385/2018, Audiencia Provincial de Barcelona, Sección 5, Rec 10/2017 de 04 de Junio de 2018, 385/2018 (Audiencia Provincial de Barcelona 04 de junio de 2018).

Sentencia Penal Nº 387/2003, Tribunal Supremo, Sala de lo Penal, Rec 2881/2001 de 12 de Marzo de 2003, 387/2003 (Tribunal Supremo 12 de marzo de 2003).

Sentencia Penal Nº 405/2021, Audiencia Provincial de Tenerife, Sección 5, Rec 29/2021 de 09 de noviembre de 2021, 405/2021 (Audiencia Provincial de Tenerife, Sección 5 09 de noviembre de 2021).

Sentencia Penal Nº 541/2021, Audiencia Provincial de Barcelona, Sección 6, Rec 22/2020 de 20 de julio de 2021, 541/2021 (Audiencia Provincial de Barcelona 20 de julio de 2021).

Sentencia Penal Nº 68/2021, Audiencia Provincial de A Coruña, Sección 2, Rec 1170/2020 de 21 de enero de 2021, 68/2021 (Audiencia Provincial de A Coruña 21 de enero de 2021).

Sentencia Penal Nº 87/2020, Audiencia Provincial de Madrid, Tribunal Jurado, Rec 742/2019 de 12 de marzo de 2020, 87/2020 (Audiencia Provincial de Madrid 12 de marzo de 2020).

Shakespeare, W. (2003). *Hamlet.* Biblioteca Virtual Universal.

STC 120/1990, de 27 de junio (Pleno), 120/1990 (Tribunal Constitucional (Pleno) 27 de junio de 1990).

STC 283/2000, 27 de noviembre, 283/2000 (Tribunal Constitucional 27 de noviembre de 2000).

STC 53/1985, de 11 de abril, 53/1985 (Tribunal Constitucional 11 de abril de 1985).

STC 69/1999, 26 de abril, 69/1999 (Tribunal Constitucional 26 de abril de 1999).

STC 94/1999, 31 de mayo, 94/1999 (Tribunal Constitucional 31 de mayo de 1999).

STS 1010/2009, 27 de octubre de 2009, 1010/2009 (Tribunal Supremo 27 de octubre de 2009).

STS 1010/2009, de 27 de octubre, 1010/2009 (Tribunal Supremo 27 de octubre de 2009).

STS 1108/1999, 6 de septiembre, 1108/1999 (Tribunal Supremo 06 de septiembre de 1999).

STS 1207/2006, 1207/2006 (Tribunal Supremo 22 de noviembre de 2006).

STS 1301/2006 , 1301/2006 (Tribunal Supremo 2006).

STS 132/2016, de 23 de febrero de 2016, 132/2016 (Tribunal Supremo 23 de febrero de 2016).

STS 134/2017, de 2 de marzo, 134/2017 (Tribunal Supremo 02 de marzo de 2017).

STS 14/2001 de 1 de enero, 14/2001 (Tribunal Supremo 01 de enero de 2001).

STS 1604/2000, de 21 de octubre, 1604/2000 (Tribunal Supremo 21 de octubre de 2000).

STS 164/2001 de 5 de marzo, 164/2001 (Tribunal Supremo 05 de marzo de 2001).

STS 180/2013, de 1 de marzo, 180/2013 (Tribunal Supremo 01 de marzo de 2013).

STS 192/2017, de 24 de octubre de 2017, 192/2017 (Tribunal Supremo 24 de octubre de 2017).

STS 20/2016, 26 de enero de 2016, 20/2016 (Tribunal Supremo 26 de enero de 2016).

STS 2003/2000, de 20 de diciembre, 2003/2000 (Tribunal Supremo 20 de diciembre de 2000).

STS 2012/2004, 8 de octubre , 2012/2004 (Tribunal Supremo 08 de octubre de 2004).

STS 216/2019, Sala de lo penal, Sección 1, Rec 972/2018 de 24 de abril de 2019, 972/2018 (Tribunal Supremo 24 de abril de 2019).

STS 231/2015, de 22 de abril, 231/2015 (Tribuanl Supremo 22 de abril de 2015).

STS 243/2014, 7 de Marzo de 2014, 243/2014 (Tribunal Supremo 07 de marzo de 2014).

STS 28 de noviembre de 2012 (Tribunal Supremo 28 de noviembre de 2012).

STS 3/2014, 21 de enero de 2014, 3/2014 (Tribunal Supremo 21 de enero de 2014).

STS 3/2014, de 21 de enero, 3/2014 (Tribunal Supremo 21 de enero de 2014).

STS 302/2018, 20 de Junio de 2018 , 302/2018 (Tribunal Supremo 20 de junio de 2018).

STS 307/2000 de 27 de febrero, 307/2000 (Tribunal Supremo 27 de febrero de 2000).

STS 309/2003, 15 de marzo, 309/2003 (Tribunal Supremo 15 de marzo de 2003).

STS 31 de octubre de 2002 (Tribunal Supremo 31 de occtubre de 2002).

STS 321/2017, de 4 de mayo, 321/2017 (Tribunal Supremo 04 de mayo de 2017).

STS 327/2017, de 9 de mayo de 2017 del Tribual Supremo de Pleno, 327/2017 (Tribual Supremo de Pleno 09 de mayo de 2017).

STS 331/2012, de 4 de mayo, 331/2012 (Tribunal Supremo 04 de mayo de 2012).

STS 338/2017, de 11 de mayo, 338/2017 (Tribunal Supremo 11 de mayo de 2017).

STS 338/2017, de 11 de mayo de 2017, 338/2017 (Tribunal Supremo 11 de mayo de 2017).

STS 35/2009, de 5 de enero, 35/2009 (Tribunal Supremo 05 de enero de 2009).

STS 369/2003, de 15 de marzo de 2003, 369/2003 (Tribunal Supremo 15 de marzo de 2003).

STS 418/2012, 30 de Mayo de 2012, 418/2012 (Tribunal Supremo - Sala Segunda, de lo Penal 30 de mayo de 2012).

STS 45/2005, de 21 de enero de 2005, 45/2005 (Tribunal Supremo 21 de enero de 2005).

STS 467/2015, 20 de julio de 2015, 467/2015 (Tribunal Supremo 20 de julio de 2015).

STS 471/2018, de 17 de octubre, 471/2018 (Tribunal Supremo 17 de octubre de 2018).

STS 475/2020, de 25 de septiembre , 475/2020 (Tribunal Supremo 25 de septiembre de 2020).

STS 5 de diciembre de 2005 (Tribunal Supremo 05 de diciembre de 2005).

STS 57/2004, de 22 de enero, 57/2004 (Tribunal Supremo 22 de enero de 2004).

STS 574/2000 de 31 de marzo, 574/2000 (Tribunal Supremo 31 de marzo de 2000).

STS 587/2020, de 6 de noviembre, 587/2020 (Tribunal Supremo 06 de noviembre de 2020).

STS 601/2005 de 10 de mayo, 601/2005 (Tribunal Supremo 10 de mayo de 2005).

STS 609/2018, 29 de noviembre de 2018, 609/2018 (Tribunal Supremo 29 de noviembre de 2018).

STS 626/2007, de 5 de julio 2007, 626/2007 (Tribunal Supremo 05 de julio de 2007).

STS 6293/2006, 28 de septiembre de 2006, Sala Quinta, de lo Militar, 6293/2006 (Tribunal Supremo, Sala Quinta, de lo Militar 28 de septiembre de 2006).

STS 635/2009, de 15 de junio, 635/2009 (Tribunal Supremo 15 de junio de 2009).

STS 671/2017, 11 de octubre de 2017, 671/2017 (Tribunal Supremo 11 de octubre de 2017).

STS 672/2007, 19 de julio , 672/2007 (Tribunal Supremo 19 de julio de 2007).

STS 698/2014, 28 de Octubre de 2014, 698/2014 (Tribunal Supremo 28 de octubre de 2014).

STS 731/2013, de 7 de octubre, 731/2013 (Tribunal Supremo 07 de octubre de 2013).

STS 743/2000, de 28 de abril de 2000, 743/2000 (Tribunal Supremo 28 de abril de 2000).

STS 764/2014, 19 de noviembre de 2014, 764/2014 (Tribunal Supremo 19 de noviembre de 2014).

STS 77/2017, de 9 de febrero, 77/2017 (Tribunal Supremo 09 de febrero de 2017).

STS 823/2016, de 3 de noviembre, 823/2016 (Tribunal Supremo 03 de noviembre de 2016).

STS 830/2015, de 22 de diciembre, 830/2015 (Tribunal Supremo 22 de diciembre de 2015).

STS 87/2001, de 29 de enero, 87/2001 (Tribunal Supremo 29 de enero de 2001).

STS 888/2016, de 24 de noviembre, 888/2016 (Tribunal Supremo 24 de noviembre de 2016).

STS 912/2016, de 1 de diciembre, 912/2016 (Tribunal Supremo 2016 de diciembre de 2016).

STS 950/2000, de 4 de junio, 950/2000 (Tribunal Supremo 04 de junio de 2000).

STS 953/2016, Sala de lo Penal, Sección 1, Rec 986/2016 de 15 de diciembre de 2016, 986/2016 (Tribunal Supremo 15 de diciembre de 2016).

STS 98/2017, de 16 de febrero de 2017, 98/2017 (Tribunal Supremo 16 de febrero de 2017).

STS de 11 de octubre de 1984 (Tribunal Supremo 11 de octubre de 1984).

STS de 14 de enero de 1993 (Tribunal Supremo 14 de enero de 1993).

STS de 14 de enero de 1993 (Tribunal Supremo 14 de enero de 1993).

STS de 1460/2004, de 9 de diciembre, 1460/2004 (Tribunal Supremo 09 de diciembre de 2004).

STS de 15 de julio de 1988 (Tribunal Supremo 15 de julio de 1988).

STS de 16 de noviembre de 1987 (Tribunal Supremo 16 de noviembre de 1987).

STS de 24 de febrero de 1984 (Tribunal Supremo 24 de febrero de 1984).

STS de 30 de abril de 1987 (Tribunal Supremo 30 de abril de 1987).

STS de 30 de noviembre de 2006 (Tribunal Supremo 30 de noviembre de 2006).

STS de 4 de febrero de 2005 (Tribunal Supremo 04 de febrero de 2005).

STS de 5 de diciembre de 2005 (Tribunal Supremo 05 de diciembre de 2005).

STS de 8 de octubre de 2007 (Tribunal Supremo 08 de octubre de 2007).

STS n°459/2018 de 10 de octubre, 459/2018 (Tribunal Supremo 10 de octubre de 2018).

STS Rec 2487/1995, de 22 de mayo de 1996 , 2487/1995 (Tribunal Supremo 22 de mayo de 1996).

STS Recurso de Casacion núm. 1707/1997, 28 de febrero de 1998
   Tribunal Supremo Sala de lo Penal, 1707/1997 (Tribunal
   Supremo Sala de lo Penal 28 de febrero de 1998).

STS, a 21 de diciembre de 2021 - ROJ: STS 4943/2021, 4943/2021
   (Tribunal Supremo 21 de diciembre de 2021).

STS, a 27 de enero de 2022 - ROJ: STS 148/2022, 148/2022
   (Tribunal Supremo 27 de enero de 2022).

Tribunal Supremo, Sala Cuarta, de lo Social, Sección Pleno,
   Sentencia 469/2020 de 18 Jun. 2020, Rec. 2136/2017,
   469/2020 (Tribunal Supremo 18 de junio de 2020).

Zaderenko, I. (2002). *Psicología, perversión y temas jurídicos en
   la" Afrenta de Corpes"*. Boston University.

Zorrilla, J. (2022). *Don Juan Tenorio*. Andalucía: Colección
   Averroes en colaboración con la Consejería de Educación y
   Ciencia de la Junta de Andalucía. P. 179.

IV. ANEXOS

1. ANEXO 1. Figura de los delitos estudiados en cada uno de los casos expuestos:

El Cantar del Mio Cid

Delito de asesinato en grado de tentativa.

Don Quijote de La Mancha

Delito de daños (eximente por locura) y atentado contra la autoridad.

Don Juan Tenorio

Delitos de homicidios, abusos sexuales, amenazas leves, deserción del ejército, cohecho, detención ilegal, usurpación estado civil, allanamiento.

Figura 4. Delitos cometidos por personajes literarios analizados. Creación Propia.

www.ingramcontent.com/pod-product-compliance
Lightning Source LLC
Chambersburg PA
CBHW050504290526
45786CB00006B/2435